协同与创新：高职语文与人文素质教育

赵柯姜——著

中国书籍出版社
China Book Press

图书在版编目(CIP)数据

协同与创新：高职语文与人文素质教育／赵柯姜著. -- 北京：中国书籍出版社，2020.10
ISBN 978-7-5068-8074-9

Ⅰ.①协… Ⅱ.①赵… Ⅲ.①大学语文课－教学研究－高等职业教育②高等职业教育－人文素质教育－研究 Ⅳ.①H193②G718.5

中国版本图书馆CIP数据核字(2020)第215465号

协同与创新：高职语文与人文素质教育

赵柯姜 著

图书策划	成晓春
责任编辑	毕 磊
责任印制	孙马飞 马 芝
封面设计	王 斌
出版发行	中国书籍出版社
地　　址	北京市丰台区三路居路97号(邮编:100073)
电　　话	(010)52257143(总编室)　(010)52257140(发行部)
电子邮箱	eo@chinabp.com.cn
经　　销	全国新华书店
印　　厂	三河市明华印务有限公司
开　　本	710毫米×1000毫米　1/16
字　　数	158千字
印　　张	8.5
版　　次	2021年6月第1版　2021年6月第1次印刷
书　　号	ISBN 978-7-5068-8074-9
定　　价	58.00元

版权所有　翻印必究

前　言

21世纪最需要的是什么？是人才！加快建设人才强国是党和国家的一项重大战略决策，是实施创新驱动发展战略的迫切需要，是增强国际人才竞争优势的战略选择。党中央高度重视人才工作，综合国力竞争说到底是人才竞争。只有这样，才能为实现"两个一百年"奋斗目标、实现中华民族的伟大复兴提供坚强保证。

对于职业教育而言，要想培养出更多适应经济社会发展的高素质高技能人才，需要政府、行业、企业、学校和社会方方面面的支持。产教融合、校企合作目前已成为我国职业教育改革发展的必然趋势和必由之路。通过学校建设，对推动校企深度合作、产教深度融合，实现人才精准培养、学校人才输出和企业人才输入的对接等方面，以及实现学校、企业和学生三方互利共赢方面，具有十分重要的意义。

众所周知，加强人文素质教育在职业教育能力结构和课程体系中占据着极其重要的地位，特别是汉语言文学教育，在帮助和引导学生形成高尚的人生观、正确的价值观、良好的审美观，有效提升大学生的人文素质方面有着不可替代的作用。在强化人文素质教育的大背景下，如何通过校企协同育人机制，创新汉语言文学学习和提升应用能力是本书作者及同仁们多年来研究与实践的课题之一。本书是2019山西省教育科学规划课题"创新产教融合、校企合作协同育人机制，打造煤炭技术技能人才培养基地的研究与实践"（课题编号：GH-19272）的研究成果之一，试图以立德树人和校企合作、产教融合为背景，在全面提高职业院校学生人文素质和人才培养质量方面做一些探索。

习近平总书记在2016年考察北京市八一学校时指出,素质教育是教育的核心。全面素质教育是教育的关键,也是我国教育改革创新的方向和实现办好人民满意教育的最终目标。其中,人文素质是素质教育的基础,加强学生的人文素质培养对于实现素质教育有着重要的意义。本书主要探讨的是目前在实施校企合作、产教融合协同育人的背景下,高职语文教育与人文素质教育的关系,指出当前高职语文教育的不足之处,探索高职语文教育和人文素质教育的优化策略,推进高等职业院校"校企深度融合、工学紧密结合"的人才培养模式。第一章主要介绍了人文素质培养的内涵、分析了人文素质培养的重要性,协同育人的内涵及二者之间的关系。第二章主要介绍了职业教育中的人文素质教育,分析了高职协同育人的发展历程及现状,高职学生人文素质教育存在的问题及解决路径。第三章讲了汉语言文学教育的现状及问题,探讨了优化的路径。第四章主要介绍了在汉语言文学教学中加强人文素质培养的方法和策略。

作为高职院校开设的语言学科之一,汉语言文学教育对学生汲取中国传统经典文化、人文素质提升、身心健康发展及三观正确形成有着重要积极作用。现在以理工应用类为主的部分高职院校,对汉语言文学和人文素质教育工作的重视度不够,一直倡导的校企合作、产教融合也不同程度忽略了校企文化、人文素质的渗透交融。本书作为一项课题的研究成果之一,浅析了这种现状并提出了一些思考,虽在创作过程中也参考了很多专家学者们的学术观点和文献资料,但由于本人学识、能力有限,有些观点还不一定成熟,作为管窥之见难免有些偏颇或错漏之处,恳请专家学者和广大读者们批评指正。

作者
2020年9月

目 录

第一章 人文素质培养与协同育人 ... 1
第一节 人文素质培养的内涵及重要性 ... 1
第二节 产教融合、校企合作与协同育人 ... 14
第三节 人文素质培养与协同育人 ... 19

第二章 高职学生的人文素质教育 ... 35
第一节 职业教育中的内涵及定位 ... 35
第二节 高职学生人文素质教育的现状 ... 42
第三节 高职学生人文素质教育存在的问题及解决路径 ... 54

第三章 汉语言文学教育的现状及问题 ... 67
第一节 汉语言文学教育的育人职责 ... 67
第二节 高职学生汉语言文学教育的现状分析 ... 72
第三节 高职学生汉语言文学教育的优化 ... 83

第四章 在汉语言文学教学中加强人文素质培养 ... 88
第一节 汉语言文学素养与人文素质的关系 ... 88

第二节　现阶段企业文化培育的有效尝试与借鉴 ……… 98

第三节　汉语言文学教育过程中的人文素养培养和

　　　　提升策略 …………………………………… 105

第四节　高职学生汉语言文学教育的创新模式思考 …… 112

参考文献 ………………………………………………… 126

第一章 人文素质培养与协同育人

实施创新驱动发展战略，需要国家加快实施人才强国战略。要将人才培养作为战略重点，提高人才的培养力度，利用"人才红利"来促进管理创新、技术创新和工作生产力的提高。加强创新发展的内生动力，我们必须集中精力高水平地培养大量创新科技人才，在创新实践中发现人才，在创新活动中培养人才，并在创新公司中聚集人才。我们需要充分利用人才创新优势，引导关键核心技术取得重大突破。增强中国的科技实力和自主创新能力。在本章中，我们将主要开发和分析人文素质培训和协作教育的相关内容。

第一节 人文素质培养的内涵及重要性

素质教育是教育的关键，也是我国教育发展的最终方向。它的作用是提高全民的素质，以提高全体学生的基本素质为主要目的。在这其中，人文素质是素质教育的基础，加强学生的人文素质对于实现素质教育有着重要的意义。

一、人文素质的内涵

（一）素质

素质通常是指一个人思想成熟度、心理和人格发展、知识结构合理性和人的认识的总和。良好的素质是一种表现在日常生活中令人愉悦和钦佩的品格。它包括开明、乐观、包容、自尊、自强等等品质，也包括关爱他人、关爱社会的胸襟，同时还包括对高尚、丰富的精神生活的追求。努力追求自我完善和自我成长，是一种自尊、自信的气质，是一种"富贵不能淫、威武不能屈"的精神。素质的培养需要长时间地接受教育，因此，它需要我们营造一个很好的培养体系，高质量的教学方法和教学环境，最重要的是它需要一种先进的教育思想。

（二）人文素质

人文素质指的是一个人在人文方面所具备的修养。它包括一个人的内在精神境界和思想体系，包括知识、技能、观念、情感和意志等。这些内在的修养会表现在一个人外在的行为和气质上。人本主义与现代科学主义和拜金主义相对立。与"实用主义"相比，人本主义强调人的精神追求和精神生活；与"科学主义"相比，它强调对人的生活意义的追求和对人性的尊重；而与"工具理性"或"技术理性"相比，则强调价值理性和目标理性。科学主义、实用主义、人性和理想是人类生存和发展的两个必不可少的价值维度。两者之间的根本区别是，"科学"专注于如何做事，而"人文"则专注于行为举止；"科学"提供"工具"，"人文"提供"道"。

（三）人文素质教育

人文素质教育就是通过建立良好的环境，并且通过知识的传授与学习以及自我的实践，将知识转化为个人内在的人格和修养。因此，人文素质教育的目的是培养完善的人格，使学生学会与自我、他人、社会和谐共处。

人文素质教育是素质教育的一个重要方面。它把人的全面发展放在首位。它认为教育首先应该体现在对人自身的教育上。在这种教育中，人们要理解和继承人类社会积淀的各种文化智慧，在自身的后天发展中发扬光大，体现在人的内在意识和外在形象上，人文教育是对人的一种基础教育。它对其他素质的培养有很强的渗透力和影响。作为学校，人文素质教育主要通过课堂教学来实施（当然，也不排除第二课堂活动）。包括学校通过设置一些非智力因素的课程设置，提高学生对真、善、美的认识和创造性，使学生在学习的过程中认识生活，自我感知，知行合一，塑造健全人格，全面培养高素质人才。

人文素质教育，实际上是将人文知识和人文精神渗透到人的成长过程中，对人的人格、正直、情感、责任感、人生态度、价值观、理想信念等的形成和塑造起着"成型"的作用。这种塑造不仅可以塑造一个人优秀的人格和风度，而且可以培养他处理事务、沟通人际关系的得体和举止能力。可以说，这一切都是一个人学习成为一个有教养蝗人的基础，也是他综合素质的本质。因此，杨树子先生认为，人文教育中人文素质培养的关键是情感、责任感和价值观，可以说是指出了人文素质教育的本质和内涵。

1. 人文知识的培养

人文知识是指人对客观世界和主观世界的认识。人文知识与自然科学是不可分离的。但是，通常人们所说的人文知识往往侧重于：哲学、历史、社会、艺术、文学等范畴，其实许多种社会学科与人文知识是有所差异的。对人类历史的正确认识和理解是人们学习人文知识的主要目的之一。人们在学习人文知识时便会了解到世界上各个地区文化的多元性和多样性，人文知识的存在是人与人之间相互交际的纽带。人文科学的应用范围很广，并且受到某些专业的限制。它着重于构建全面的文化积淀，培养人的见识。中国古代的教育思想更能体现出通才教育的人文思想。培养人文素养的一种方法是阅读人文经典，从中获取古人的智慧，而不是简单的知识。并比其他任何个人知识更关注智慧的获得。自然科学更注重知识的积累，人文知识更关注技能的培养、创造性思维方式和各种表达方式。人文知识表达某些价值并创造价值取向。人文知识不断探索着人类存在的意义，并表明人与其他事物有所不同。纵观整个历史，人文知识的理论或思想表达了相应的价值观和理想，对人文知识的研究不断促进了历史的进步。

2. 文化的培养

文化的培养是多方面的，其中包括经典的阅读、传统文化的学习，思想和情操的培养，包括爱国情怀和价值观等。对学生的文化培养过程，要注重民族传统文化的学习。学生应通过文化知识的学习，可以提高其思维能力和情感的品质。提高学生的精神境界，要特别注重传统文化和经典对人的道德品质和人格内涵的培养。必须充分考虑传统文化在道德观念和人格内涵方面的作用，汲取传统文化对现代人的积极作用。

简而言之，文化是在长期习俗和习惯的影响下出现的一种社会现象。文化可以理解为一般的物质财富和精神财富。精神财富包括道德、宗教、风俗、信仰、习惯、观念、艺术、制度等。物质财富主要是指人类物质生产的方法和产品，是物质单位。从哲学的角度来看，文化是哲学思想的体现。不同的地区和时代决定了不同的文化风格。哲学思维的变化导致新旧文化的替换，伴随着社会制度的变化。复杂多样的文化包含各种关于生存、思想和理解的理论和方法。社会意识活动的价值观和思想构成了文化的核心。

文化能够影响人们在社会上的行为，促使他们可以进行相互之间的交流，有助于多元文化之间的共享与合作。文化还是能够给人们的行为方式以正确的引导，为人们在做出某一行为之前提供多种方式的选择。文化的形式离不开人们在社会中的种种行为，这些行为通过不断的积累使得在统一社会中的人们能够普遍接受。人类文化代代相传，不仅形成了特定时期的价值观，而且保留了代代相传的正确价值规范。社会秩序在这种继承中得以保存。随着人类世代更替，文化也在不断丰富和保存。

3. 民族价值和传统美德意识的培养

意识是人在实践过程中产生的。在实践中，它表现为不同的形式，体现在不同的材料中。人类意识的培养具体在教育方面，包括中华民族价值观和传统道德的培养、人际交往能力和地位能力的培养。文化的培养的目的是使学生形成对民族和国家的认同感，并养成良好的道德修养和完善的人格、高尚的精神境界。

中华民族的价值观和传统道德是在漫长的历史过程中形成的。他追求的是人们通过不断学习、反思而形成内在的道德修养，从而能够与他人和社会和谐相处。"仁"是中国传统道德的标高，是中国人始终不渝的追求。同时，中国传统价值观重视家庭的和谐和人伦秩序，从家庭关系推出社会关系，进而达到社会的和谐。中华民族传统的伦理观念重视孝悌与仁义，体现了人际关系中的和谐互动。中国自古是礼仪之邦，在礼的规范中实现人的修养的提升以及社会的和谐。因此，中华民族传统美德对于今天的学生在形成正确的价值观中发挥着重要作用，因此必须受到重视。

4. 精神修养的培养

中国人自古以来注重修身养性，这是一个内在精神不断完善的过程。在这个过程中树立起一个人内在的信仰。修身养性包括两方面的培养：内在的精神境界和外在的品行，从而共同形成理想的人格。马克思主义中所主张的自我完善和教育是指通过社会实践中的个人努力来改善自己的精神境界。人文教育中的素质教育首先要求学生学会成为一个有理想和高尚道德的人。通过养成良好的道德习惯可以改善人们的情感。道德行为的实践是检验精神境界的标准之一，实践过程也是改善精神境界的一种过程。人们生活中最重要的是精神修养，这也是一个长期而复杂的过程。完美的精神世界丰富了人们的生活，提高了生活质量。

通常人们都会习惯于尊重那些具备良好修养的人。修养是人的一种行为素质，体现在日常生活中的方方面面，同时也限制他们在日常生活中的某种行为。随着社会的发展，精神修养的内容变得丰富多彩。只有有意识地遵守道德制度的要求并不断改善精神境界，个人修养才能成为高尚的。道德修养是精神修养的重要组成部分。只有提高自我反省和觉悟的能力，加强道德修养，树立正确的道德信念，我们才能培养道德责任感。大学生应该学会树立正确的信念并形成崇高的精神境界。

二、人文素质培养概述

（一）人文素质的构成

广义上的人文素质指的是一个人内在的精神品格，狭义的人文素质指的是一个人的文化知识储备和文化修养。人文素质的根本，是要强调生命的价值和意义，提倡过丰富的、有追求的生活。这种追求包括高尚的道德和情操，良好的文化素养，对真理的追求和实事求是的科学态度等等。

1. 人文知识

人文知识包括人文领域的基本知识内容。它涵盖了人类生活的方方面面，如文学、法律、政治、宗教、历史、哲学等。这些知识需要通过长时间的学习和积累，才能对一个人的内在精神产生影响。电视、互联网、书籍和其他形式的媒体是人文知识的载体，极大地丰富和传播了人文知识的内容。如今，在知识大爆炸和信息技术快速发展的背景下，学生可以获得丰富的人文知识。通过学习，书中的人文知识可以被内化为自己的思想。只有将人文知识转化为人文思想，才能证明知识培养的真正含义和人文知识的真正价值。

2．人文思想

人文思想的核心是强调"人的价值"，倡导人的解放，追求自由、平等和对个体的尊重。现代人尤其注重通过人性化的生活方式来实现个人的追求。人文主义思考的基础是以"人的价值"和人道主义。人文精神是科学家进行科学研究的基础，对科学理论和科学精神有着重要的作用，是科学家们必需的素养。在欧洲，对人的价值的重视主要始于文艺复兴时期。这一思潮主张人的解放、提倡科学精神，反对宗教教条的束缚。欧洲文艺复兴对后来的西方文艺和科学的发展坚定了基础。在东方，儒家哲学社会理论也包含一些人文主义思想，而它是一种生命理论和一套伦理体系，主张个人通过自身的不断完善来达到人与社会、人与自然的完美融合。

3．人文方法

人文方法论是适用于人文科学研究的基本思想和方法的理论。人文方法是人文方法论的具体内容，主要包括现象学、精神分析、结构主义、发生学、传播学、解释学等理论和方法。这些方法本质上是一种解释性方法，其中体验和理解是它最重要的特征。

4．人文精神

追求理想生活的多维发展已成为人文精神的独特文化内涵，它感知人的利益，并在各种精神文化现象中考虑人的发展。理性和人类智慧被吸收到人文思想中。尊重人性的价值和真理的价值突出了人性和理性。人类文明的重要创造是人文精神对人格的尊重，是人类文明进步的重要举措。改善人们的精神生活在于提高人们的文化水平。人格的完善、自我的实现、对信仰的探索、对生命的热爱都是通过丰富的精神生活实现的。

（二）人文素质培养的意义

1．有助于大学生综合素质的提高

人文素质的培养对一个人有着全面的影响。一个人的整体素质可以反映在一个人的工作和学习中。学校教育中,对学生素质的培养包括文化知识和实践技能,但一个人的综合素质并不局限于这两个方面。综合素质是知识、技能、品德的综合表现。对于大学生来说,综合素质还包括身体素质、价值观、与他人互动、推理、知识控制和创造力等。

随着社会的飞速发展,要求大学生不仅要具备扎实的基础知识,还要具备良好的综合素质。大学生不仅要学习专业领域内的知识,还要学会吸取各领域知识,广泛地阅读人文经典,将专业知识与人文知识相结合,坚持理论与实践相结合。培养自身的观察思考力和创新精神。

随着经济和技术迅速发展,社会进入新时代。在这种背景下,现代人必须具有良好的创新精神,勇于突破旧观念,打破旧事物,才能增强自身的竞争力。我国的应试教育长期以来限制了学生的创造力。应试教育的缺陷在于缺少创新精神的培养和思维方式的训练,不利于学生综合素质的培养。因此,在大学期间,我们需要积极加强人文素质的提升,充分调动各种教学资源,利用各种实践活动来培养创新精神,锻炼分析和解决问题的能力,不断提高创新意识。

2. 有助于大学生在需求层次上达到自我实现

自我实现是每个个体在社会中的根本需求,自我实现指的是个体发挥自己的全部潜能并展示自己的能力。就是人的创造力的自我实现,即人充分利用了现实中人体丰富的创造潜能,充分表达了自己、实现了自己。人只有充分发掘自身的各种能力或潜力,并充分利用它们,才能得到满足感,找到人生的意义。大学生作为特殊的群体,他们的学习和成长对社会的发展有着重大的意义,作为个体,他们的生命价值,社会责任和家庭的贡献在毕业后反映在社会中。大学生的生活价值是社会满意感和对社会的个人贡献的统一体。自我价值不仅是一个人的内在价值,同时也是社会价值。

个人自我实现的基础是培养学生的人文素养,在培养人文素养时要注意学生正确的态度和明确的目标。实现自我发展和自我实现,这也是人们追求的最高目标。明确目标,通过努力达到自己的目标,是当代大学生必须考虑的第一个问题。当代大学应该对自己有高标准和严格要求,并且知道如何设定合理的目标而不是盲目。在实践中,争取更好的目标、学会自我控制和适应是实现自我的前提。在自我实现的过程中,需要保持积极的态度。必须以严谨、谦虚、求实的态度对待学习，对其他特定主题要有正确的理解、理性的判断和审慎的方法。

当代大学生可以通过多种方式实现自我价值，但总而言之，需要树立马克思主义的世界观，生活观和价值观。在长期的自我完善过程中，必须有毅力才能实现人生的价值。

3. 有助于形成良好的校园文化氛围

学校独特的精神环境和文化氛围被称为校园文化。校园景观，校园建筑、雕塑、绿化都是校园文化的一部分。此外，学校精神、学习氛围、人际氛围和学校规章制度也是校园文化的一部分。健康的校园文化可以启发学生的智慧，培养他们的情感，促进他们的全面发展。

保持人文素质可以促进校园文化环境的发展。文化环境对人的发展有很大的影响，文化环境对学生的成长起着重要的作用。校园环境对学生的教育有着显著的影响。校园环境布局合理，整洁美丽，健康和谐，对学生的健康成长和发展产生了很大的影响。校园环境的精致设计可以充分发挥环境教育的功能。整个校园环境都能体现一个学校的校园文化，校园环境的美化、清洁和绿化，不仅体现了学校的精神，也有利于师生精神世界的培养。每一项学校活动都必须渗透校园文化精神、追求共同的文化追求。提升人文素质可以促进师生技能和精神文化的建设，在校园内营造健康向上的文化氛围无疑将为师生造福，并产生积极的力量。

人文校园的文化活动在教育中起着重要作用。在公共节假日和周年纪念日的爱国主义教育可以培养学生的爱国热情。新形势下，积极开展学习和教育活动，增进学生对中国梦的理解。随着学校人文教育的全面发展，举办以实现中国梦为主题的主题课程可以提高学生对国家政治的理解。

人文精神融入校园精神文化，为校园营造良好的文化氛围。学校文化的核心内容是校园精神文化。校园的精神文化，包括学校的文化理念和价值取向，是学校精神的体现，是学校发展的动力。校风和学风是校园精神文化的体现。校园精神的设计体现在校园精神和学校环境精神的建设中。将人文精神融入学校精神可以体现学校的人文环境，将人文精神融入学习风格，可以使学生努力学习，鼓励学生全心投入学习。良好的人文环境在促进学校发展中起着重要作用。

4. 有助于高校教学质量的提升

教学质量则是大学软实力的集中体现，而提高大学的教学质量可以大大提高大学的软实力。高校软实力体现在能够培养优秀而全面的人才。在以知识为基础的经济社会中，高等学校是促进文化和技术创新的主力军。因此，高校的教学质量、人文氛围就显得尤为重要，决定了其人才培养的水平。学校现有的教育资源和学校条件是提高教学质量的外部条件。有效提高学生的知识水平和全面的创新能力是提高教学质量的前提。如果大学的教学质量非常好，学生将获得扎实的实践技能和专业知识，这将有助于培养自己的创新意识，为毕业后的就业和生活创造有利条件。高等教育的质量决定了其影响社会的能力，包括其对国家、地区和产业的影响。这些效果是无法估量的，因此提高教学质量非常重要。提升人文素养的重点在于更新教育观念，深化创新教育和改革，并为学校教育和教学提供新思路。

三、高职学生人文素质教育的内涵

（一）高职学生人文素质教育的内涵

如何在高职学生中实施人文素质教育，对"人文素质"本身的理解是关键、核心和基础。教育部《关于加强大学生文化素质教育的几点意见》明确指出："大学生的基本素质包括思想道德素质、文化素质、业务素质和身心素质，其中文化素质是基础。我们加强文化素质教育的工作，主要是指人文素质教育。主要是通过加强对大学生的文学、历史、哲学、艺术等人文社会科学教育，加强对文科学生的自然科学教育，提高全体大学生的文化品位、审美情趣、人文素质和科学素质"。这里非常明确：文化素质包括人文素质，人文素质教育是文化素质教育的重点，目标是"提高全体大学生的文化品位、审美情趣、人文素质和科学素质"。

在高等职业教育过程中，当代高职学生的人文素质教育就是通过人文学科教育、知识理论教学和教育环境的影响，将人类最新的优秀文化成果内化为人格、气质和修养，逐步形成稳定的内在素质和价值取向，最终形成当代高职学生高尚的道德情操、高尚的人格修养、科学的创造性思维能力和多维的知识视野。

在我国，中学的学习阶段是有文理分科的，是过于片面追求升学率的应试教育，高职阶段狭隘的专业知识和职业技能教育，使高职学生人文知识匮乏。为了应付许多专业课程，学生没有时间考虑人文课程和非专业课程。教师为了完成教学任务，往往只传授专业知识，忽视文化思想教育，达不到"说教、传授知识、解惑""教书育人"的目的，导致学生知识结构不合理。这种"专业化"教育不利于学生的全面健康发展，也不能适应社会主义市场经济人才的需要，传统的专业知识教育只能为学生提供知识，而不能提供智慧。科学知识只有在人文科学的配合下才能转化为智慧和理性。

当今世界各国竞争的实质是人才的竞争，在很大程度上是各国教育水平和质量的竞争。高等教育是这种竞争的一个重要方面。这就要求高等教育必须面向21世纪，提高素质、培养具有综合素质的复合型人才，这与人文素质教育密不可分。随着社会经济、科技和教育的快速发展，大学教育在某种意义上已成为高水平的基础教育。它应该是"专业的"和"广泛的"，应该把专业学习和人文素质的全面提高有机地结合起来。

（二）高职学生人文素质教育是新时期的要求

为了适应经济的发展，社会对人提出了全方位的要求。"人的全面发展""人的价值实现""以人为本"的教育影响了社会经济、政治、文化、科学、管理等各个领域。

高职院校文化教育课程学分比例少、规模小、学科体系差（受学校学科结构的限制），其目标应低于普通高校文化教育课程，即培养学生必要的人文素质以适应未来工作的需要，而不是像普通高校那样积淀深厚的人文素质。为今后的进一步研究打下良好的基础。基于这种差异，高职生人文素质教育应在功能层面进行调整。也就是说，要以专业能力培养为重点，把人文素质教育中的能力要素提高到重要地位。

四、人文素质培养的重要性

（一）人文素质培养是高职教育可持续发展的必要保证

高职院校与普通高校的区别在于人才培养类型的不同。高等职业教育的目的是培养适应社会和地方经济需要的高层次技术应用型人才。高职教育能力与本位教育已成为共识。这充分体现了高等职业教育在社会经济发展中的特点。

然而,在实践过程中却出现了这样一种倾向:一些高职院校在强调职业能力培养的同时,忽视了人文素质教育,导致高职教育偏离了培养社会主义新型人才的根本目标。主要表现为:第一,在课堂教学中,专业教学与政治理论、人文素质教育存在较大差距;第二,在实践教学中只注重专业技能的实践,而忽视了人文素质的培养;第三,党的十六大报告指出人文素质教育的方式和方法不能适应人们素质教育的要求。这些实践的结果必将偏离高职教育培养目标的要求,使高职教育成为纯粹的技能培训场所。

特别是以工科为主的高职院校有其自身的特点:一是专业设置和学科设置以技术应用为主;二是教师的知识结构以工科为主;三是以专业课程为基础安排课时;四是毕业生就业一般以技术应用为主。这些特点揭示了高职工科院校人文素质教育存在的问题,说明了高职理工院校加强人文素质教育的紧迫性和必要性。

当今时代是科学技术飞速发展的时代,知识不断更新,技术不断进步,产品不断更新。这迫使人们不断更新自己的知识和技能,以适应工作场所不断变化的需求。这就要求高职院校培养的学生具有终身学习的能力、高尚的情操和健全的人格,使他们能够以振奋的精神和社会责任感面对市场压力,以平和开放的心态与时俱进,不断吸收新思想,感知新事物,在激烈的竞争中立于不败之地。

(二)人文素质培养对于引导高职学生全面发展具有重要意义

高职学生的全面发展主要是以健全的人格为前提,人格、能力、知识和各项基本素质协调发展。因此,大学生不仅要有扎实的基础知识和创新能力,而且要有正确的思想政治素质、情感素质和劳动实践素质。

德国科学教育的奠基人洪堡认为,大学真正的成就是使学生在个人道德精神上达到完美。高职院校通过专业课程的教学和生产训练,使学生获得专业知识和技能。但是,假如高职院校只将培养的重点放在实用性的技能教育上面,忽略或轻视了对于学生的人文素质教育,那么培养出的学生就会变成只会专业技能的"工具人"。这是因为中立的科学文化教育不能解决政治信仰、道德规范和人际关系问题。所以,对有以理工科为主的高职院校而言,要加强对学生的人文素质教育是一种必要的措施。高职院校在教学过程中不仅要传授给学生知识内容,也要教会学生如何做人,怎样去正确地处理个人与个人、个人与社会以及个人与集体之间的关系。正是从这个意义上讲,高职院校的科学文化教育与人文素质教育并行不悖,忽视任何一个方面都会导致严重后果。

(三)人文素质培养是培养创新型科技人才内在需求

高等职业教育的目标不仅是培养全面发展的人,更重要的是培养具有创新精神和创新能力的人才。人文素质教育是培养创新型科技人才的内在需要。

创新型人才是具有专业素质、创新思维和创新能力的人才。胡锦涛在第八届中国科学院院士大会上指出:中国科学院第八届科技创新人才是科技新突破、新发展方式的引领者和开拓者,是国家发展的宝贵战略资源。这是对创新型科技人才内涵和价值的高度概括。高职院校作为高校的一部分,应以培养创新型科技人才为目标。

创新型科技人才要有广博的知识,既要有本专业的科学知识,又要有人文社会科学的广博知识,这样才能开阔视野。随着现代科学技术的发展,跨学科渗透现象越来越明显。只有知识渊博,才能激发创作灵感,产生联想和综合,才能有新的思想。因此,广泛的多学科知识是创新能力的基础。

(四)人文素质培养是市场经济对人才需求的要求

随着知识经济时代的到来,对人才的需求正在发生深刻的变化。当今发展要求员工需要有真实的基础知识,合理的知识结构。它需要运用知识和创新的能力,它要求良好的个人素质,包括思想道德素质、文化素质和心理素质。知识经济时代的显著特点是科学技术的迅速发展和知识更新的周期短。这就要求从业者善于捕捉信息,判断变化中的信息,积极更新和获取新的知识和技能，以适应经济技术的发展。这就要求从业者具有较高的综合素质和较强的适应性。当今社会，激烈的竞争要求从业者具有较强的抗压能力和挫折能力，能够积极面对意想不到的困难和挫折，以健康的心态迎接挑战。高职院校要深刻认识市场对人才的需求，努力调整学校培养目标，努力提高学生的人文素质，为社会提供"知、能、质"结构合理的高级应用型人才，以满足社会对人才的需求和市场经济对高素质人才的需求。

（五）人文素质培养是世界高等教育普遍的发展趋势

1989年，联合国教科文组织在中国北京召开了"21世纪教育国际研讨会"，会议确定以"学会关心人"为主题。这反映了国际社会对高等教育人文素质教育的关注。

美国几所著名的科技大学（如加州伯克利大学、斯坦福大学、麻省理工学院等）的研究认为，在21世纪的教育中，应重视学生的人文素质教育。开展这种教育，首先要强调一种态度，即如何对待自己、对待他人、对待环境、对待自然。《国外高等工程教育中的人文教育》说："近几十年来，美国高等教育发生了六大变化，每一次都提出要加强人文社会科学教育。"例如，1934年，威尔肯顿报告明确建议在工程课程中增加更多的人文社会科学；1968年，《工程教育目标报告》的一个重要结论是"未来将要求工程师参与解决日益复杂的社会问题"；1979年，哈佛大学发表了《核心课程报告》，其中制定了著名的"公共教育"基础课程的重要内容之一，就是不同年级的学生除了专业外，还必须学习一定数量的以西方文化为中心的人文社会科学课程学科。除了要求学生在文学、历史、外国文化、伦理和社会分析等核心课程中有一定的基础，哈佛大学还规定学生应选修人文社会科学课程，占总学时的20%。20世纪80年代末，美国对"通识教育"展开了广泛而热烈的讨论，并发展成为一场"课程改革运动"。它的影响至今仍然存在。

由此可见，加强人文素质教育，是各国为应对科技进步和经济繁荣带来的人性堕落、价值观混乱等精神弊端而采取的措施。这也是世界高等教育发展的大趋势。

第二节　产教融合、校企合作与协同育人

一、产教融合的内涵与机制

（一）产教融合

目前，无论是在国内还是国外，对产教融合的定义都还没有统一的说法。目前学术界对此有两种观点：首先，工学结合和校企合作是等同的概念，在实践上没有本质的区别。代表人物是著名学者刘春生和孔宝根。第二种学术观点是工学结合应该具有更深的内涵和意义。这不是工业与教育之间的简单协作，而是工业与科学之间的联系、交互和协作。有这种观点的科学家有很多，而以下两个更具影响力。

首先是杨善江。经过长时间的理论研究，他认为生产与教育的融合是教育组织与产业组织的融合形成的有机整体，是经济教育活动的道路。特别是工业和教育组织充分利用了其在社会系统中的利益，建立了相互信任的合同制，以促进经济变革和为社会服务。通过产学结合，实现了通过合作教育实现双赢合作的目标，通过技术转让，项目合作和共同发展实现校企合作的主线，实现了教学与生产的融合，并使二者达到优化的状态。工业和教育的内部要素得以相互合作和深度融合。

第二位是著名学者罗如珍，他认为，职业培训是与制造和社会服务等工业部门合作进行教育，制造和服务工作，而最终培训与工业或教育并不完全相同。组织的新形式是生产和教育的整合，这与学校和公司之间的合作有很大的不同。该组织的主要任务是将教育，生产和服务以教育为核心相结合，以便为该行业提供成熟的专业人员。该组织必须培训学生成为人才，并使他们适应工作。它们的功能既不是纯粹的工业功能也不是纯粹的教育功能，而是两者之间的桥梁。

经过长期的理论研究和实践，笔者认为生产与教育的融合是建立在学

校与企业融合的基础上的，它依靠社会的各种力量来创造课程内容，并为社会提供载体。建立一所坚实的学校来使用。以业务合作的法律，法规和运行机制为标准，以高水平的"双重教学"教学团队为依托，最终实现实用模式，为学校和企业带来双赢实现并回报社会。工业与教育的融合也是一个动态的博弈过程，在该过程中，多个实体（例如政府、企业、公司、职业学校和大学、或包括科学研究所）相互竞争以获得帕累托优势。工业和教育融合的发展需要建立命运的社区，以实现工业和教育的融合，以便为工业和教育的融合创造一个良好的生态系统。

（二）产教融合动力机制

对产业教育一体化动力机制的研究主要针对促进产业教育一体化发展的一系列机制作用。最具代表性的科学家之一是陆美媛，她在 2016 年的研究得出的结论是，高职院校生产与教育一体化的背后驱动因素是内涵发展，内部资源支持和教育理念背后的驱动力。因此，对民办学校之间的影响力、政策驱动力、业务需求牵引力和竞争压力，提出了改善开放合作机制，改善资源优化配置机制，改善要素整合机制，改善生产与企业整合动力机制的措施。

根据相关研究，笔者认为，工学结合的动态机制着眼于促进利益链、创新链等各个参与学科的产学融合，如工业，商业，学校，政府，社会等多种因素，以及产学结合的人才。在产业链和其他环节中有效发挥作用的各种活动机制，如建立共同发展的工业和教育融合的协作发展和利益共享机制，可持续发展和生态循环机制，机制多方参与，共同结构，系统和资源供给的作用发挥润滑作用的横向立法机制，政策实施机制，评估和评价机制以及多方对话机制等，使研究重点放在了职业培训一体化的动力机制。

二、高职院校校企协同育人的内涵与实践

学校与企业之间的合作教育是当前的新常态，也是当前发展过程中最重要的趋势之一。在校企合作教育的背景下，校企应当制定适当的管理机制，以确保双方合作的顺利进行。充分利用自己的优势，为校企合作奠定

基础,同时制定协作目标、规划协作方法以及为不同阶段设置检查和管理目标,以提高协作效率和最大限度地发挥校企合作的优势。

(一) 校企协同育人机制的内涵

1. 校企合作协同育人的含义

校企合作是学校和企业自愿和共享资源以实现面向应用的学校教育目标的一种培训模式。校企合作是开展合作教育的前提。只有当学校和企业共享资源并整合生产和教育时,协作教育的效果才会显现出来,并且实现培养应用型人才的目标才得以实现。

2. 校企合作协同育人的意义

(1) 有利于校企合作共赢

在人文教育的校企合作背景下,根据不同时期的市场情况,校企合作的方式应根据市场的需求来调整学生的课程设置,以及对学生的教育。校企合作应以市场为导向,将高强度和多样化的教学方法相结合,以促进满足业务和市场需求的毕业生,将业务需求作为核心。同时,需要与企业技术人员进行深入交流,以不断提高教师的教学水平,确保教学质量。其次,在校企合作中,企业将获得优秀的技术人员,同时相应地提高企业的技术研究水平,节省了企业的人员培训成本,并帮助新手快速融入企业的工作。

(2) 有利于优化人才培养模式

学校与企业之间的合作是提升创新人才的一种方式。在实习阶段,学生不仅可以开始相关工作,还可以提高他们的技能。同时,可以提高学生的实践能力和创造性思维能力。学生学习完理论知识后,还可以有很多实际练习的机会,从而为将来的工作打下坚实的基础。与过去的传统高等职业教育模式相比,校企合作是人才培养模式的优化。

(3) 有利于打造高素质师资队伍

教师作为教学活动的重要组成部分,在校企合作中发挥着重要的桥梁和纽带作用。因此,加强校企合作,有利于打造高素质的师资队伍。

3. 校企合作协同育人的主要方式

(1) 引校入企,共建校外实践基地。学校与企业签订协议,在企业建设学校的校外实践基地，学校定期安排学生和专业教师到基地参加企业生产经营。

（2）引企驻校，共建校内实践基地。学校与企业签订协议，引进企业进驻学校。学校提供生产经营场所，企业提供业务和专门技术人员，学校师生轮流参与企业实际生产经营业务。

（3）引企入教，全方位参与专业建设。引进企业资源，共享企业专家及业务，在人才培养方案制定、课程建设、教材开发、实践教学等各方面，企业全程参与，使专业建设更贴近社会生产经营需要。

4. 校企合作协同育人的内容

（1）学校与企业之间的人才互用。首先是将企业的业务骨干任命为学校的实践教学老师，并由这些企业专门接管一些实践教学任务，以确保实践教学效果。其次，学校教师可以在企业兼职，这不仅为教师提供了实践机会，还降低了企业的就业成本。同时，他们可以利用其理论优势为企业的创新和发展奠定基础。

（2）实践资源共享。在学校与企业紧密合作之后，企业的业务可以与学校共享。在企业讲师的指导下，学生根据企业的要求完成各种实际作业，使学生有机会参与企业的实际工作，并真正将理论与实践结合起来。

（3）有助于塑造实际条件学校和企业共同合作，在学校内部和外部建立一个培训基地，该基地可以成为"学校中的企业"，也可以吸引企业加入学校以创建"企业中的学校"协作模型。

（二）广东某高职院校会计学专业引企驻校

2016年，广东某高职院校与一家会计师事务所达成协议，校方为企业免费提供培训区域，企业为校方购买实操设备并做培训，共同建立一个校内财税实训基地，该基地在驻校企业专家的正确指导下，利用真实账目、真实流程、真实场景让学生真正参与了实践操作，提升了专业技能，达到了校企双方互利共赢的局面。

1. 主要做法

（1）建立基础运动工作组。为了适当地开展基地工作，有必要根据企业的工作特点进行工作，并确保会计专业的学生按计划轮流参加实际的商业培训。派人参加的主要任务是制订锻炼计划、实施锻炼的内容并协调锻炼时间。

（2）共同制定人才培训计划。根据基层的实际需要，会计师事务所和学校共同制定人才培训文件，设计与基层实践相对应的课程体系，并在学生实习期开始前推广税法和审计课程，从而为基层实习工作打下良好的理论基础。

（3）共享业务专家的资源。每年，在学生从事实际业务之前，会计师事务所都会任命高级会计师对学生进行学徒前培训，包括考试实践，税务备案实践和会计实践，以便学生能够尽快掌握事务所的实践操作技能并提高工作效率和有效性。同时，会计师事务所开设了会计电算化、考试实务、税务实务等会计专业实用性较强的课程，以确保课程内容与实务相一致。

（4）共享企业实际业务。会计师事务所的所得税汇算清缴业务、审计业务、代理记账业务等均让会计学专业的学生在专业实习的时间段内按事务所的任务要求参与并完成，用真实业务锻炼和提高了学生的专业技能。

（5）共同培训双重技能的教师。定期让年轻的老师在校园的实习基地兼职，承担事务所的实际业务并带领学生在该领域工作，并与事务所的指导老师一起完成各种任务。

（6）一起参加对学生的学术评估。学生参加了会计师事务所的实际业务操作后，如在税务审计报告上，除了根据学生支付的金额向学生支付一定的报酬外，根据学生所做工作的质量，事务所的老师还必须与校长一起了解学生的真实情况，检查学生。培训结果的全面评估被用作获得相关课程的实际学分的基础。

（7）文化系统相互融合。正建财税实务基地实际上是会计师事务所的工作场所，但该工作场所正在迁至学校。一方面，事务所的管理文化和制度环境被融入实践教学过程中，学校的管理文化也适时地反映在基层，包括实习管理、实习绩效评估、实习总结和认可学校文化与企业文化融合并互补。

（8）共同搭建就业平台。创建财税实习基地不仅让会计专业的学生可以利用会计师事务所的业务进行实习，而且还提供出色的实习机会。具有较强业务技能的学生在完成学业后将被录取到会计师事务所，或被推荐给其他审计公司、研究所及其业务领域。每年至少有20名毕业生通过实习方式在会计师事务所及其附属单位中找到工作。

2. 取得的成效

（1）建立了校企合作协作教育平台，创新了实践教学模式。随着学校企业的引入，建立校园实践基地作为合作平台，学校与企业共同制定人才培养计划，学校与企业共同完成人才培养过程，学校与企业共同完成课程的学习、评估和执行。人才培训的目标是向企业派遣大量应用型人才，以满足现代业务发展的需求。

（2）建立了校企合作的长效机制，实现双赢。在业务方面，校企合作极大地提高了管理水平和业务效率，保证了人力资源，大大降低了招聘和培训人才的成本，提高了工作人员的素质，并提高了服务质量。学校方面，人才培养方案不断优化，教学条件得到保证，师资队伍得到了培训和提高，人才培养水平不断提高，专业服务行业技能水平不断提高。对于学生来说，理论和实践完全融合在一起，专业素质和技能也在不断提高。他们可以领取奖学金和助学金，以及企业提供的工资收入，从而大大减轻了家庭的经济负担。职业适应能力大大提高，并为优质就业奠定了坚实的基础。在多方共赢的情况下，校园外学校企业的实用基本模式取得了强大的生命力和可持续发展。

（3）理论实践相结合提升了学生学习的兴趣。专业会计课程的教学已从教室转移到校园的实践基地。教学地点将从教室移至工作场所。教学活动从传统课程转移到财务管理、会计、审计和其他专业。

第三节　人文素质培养与协同育人

一、人文素质培养的作用

（一）从自然科学与人文社会科学的关系上看

人与自然之间的关系是从自然科学中解决的，而人与社会之间以及人与人之间的关系是与人文社会科学分离的。因此，以科学技术为专业的学生必须具有人文素养，才能获得全面的知识体系。从人本主义的视角观察科学技术，可以充分体现科学技术的人文影响，并合理地分析人在科学技术发展中的作用。人文科学、社会科学和自然科学都揭示了事物的基本定律，它们密切相关并相互渗透。人文科学和社会科学是主观和复杂的，反映了社会与人文思想之间的关系，而自然科学则是相对客观的。因此，人文学科的这一点是对自然科学的补充。人文科学和社会科学与时间的发展紧密相关。它们在时间的背景下揭示了事物的本质。这与科学研究的必然性不同，后者是人文社会科学的丰富性和多样性。关于研究方法，与自然科学的理性方法相比，人文和社会科学经常使用非理性的方法，如感知和理解。人文科学与社会科学和自然科学的互补性在于它们不同的解释和研究方法以及不同的思维方式。人文和社会科学需要对学生的主观感知，而人文实践活动则表现出个性和差异。在科学界，学生需要理解事物的多样性，而在人文社会科学领域，学生则需要认识事物的独特性和创造力。人文知识是人类文明不可或缺的一部分。人文科学与自然科学共同构成了人类对世界的认识，因此，我们必须坚持两者的统一。

（二）从中国古代传统教育理论看

中国古代的传统教育是以人为本的。伦理、文学、哲学和其他教育经常都作为一种修身养性的手段。可以看出，中国古代十分重视保持受过教育的人文素质。中国古代十分注重人格与性情的培养，重视人与人之间的交流，将"礼"作为教育的核心。西周时期是奴隶社会的鼎盛时期。那时的学校组织比较完整。当时的教育以人为本，是世界上最早的以培养人际关系和道德感为目标的教育体系。

中国古代人文教育是传播生产生活经验的必要手段，也影响着当时人们的思想品德。它的目的是把学习者培养成具有较高思想水平的人才，为社会服务。春秋时期，孔子的教学哲学倾向于因材施教，鼓励学生自觉思考和行动。"在《述而》中，孔子真正的学习精神是'仁爱'，他的根基在于'道'。所谓'志于道，据于德'。"道、德、仁、艺四个层次，道是道，道德是道的实际体现；仁是最重要的美德，艺术（礼乐）是仁的具体体现，目的在道，依德，靠仁，文娱于六艺。古代教育是研究与实践相结合的，强调人的美德的培养。因此，中国古代传统教育中人文教育的启示值得借鉴。

中国传统的人文教育不仅成为中国传统德育的本质，而且是中国传统德育的支柱。中国传统教育注重培养人们的道德意识，它的核心理念在于人通过内在的修炼，从而促进自我的完善，从而自觉地遵守道德。在历史的发展过程中，这种人文教育的思想得以保存，成为中国传统教育的核心理念。许多教育概念也可以反映民族特色，并在培养现代人文素养方面发挥积极作用。

（三）从世界高等教育发展的趋势看

现代社会中，在创造物质财富的同时，社会、文化和生态危机也不断涌现。从世界高等教育发展的趋势来看，人文素养教育将越来越受到重视。只有这样，我们的子孙后代才能更好地掌握新的知识，并共同建设一个更好的人类社会。世界各地的高等教育状况越来越多样化，不同国家的高等教育也在不断改善。必须建立适应不断变化的世界的人才结构，以便学生可以学习全面的课程。发达国家的高等教育理念侧重于人力资源开发和培训过程中的能力建设。人文综合类课程的目的是适应社会，解决复杂问题并实现学生的全面发展。美国的课程改革着眼于社会服务，将人文与科学紧密联系在一起，并促进了多学科的融合。日本的全面教育改革已经影响了世界，并引起了所有国家的关注。

高校的改革要与社会发展相适应。许多国家正在研究改革和实践。各国高等教育竞争激烈，各国学术人才交流不断增加。先进的教育理念和高质量的大学数量已逐渐成为决定一个国家对世界的影响的关键因素之一。瞬息万变的国际环境对各个国家的高等教育是一个挑战。高校教育不仅要提高学生的工作技能，更要具备自我学习的能力，具备终身学习的意愿，并且具有全面的综合素质。提高学生的人文素质也已成为各国高等教育改革与发展的主要动力，并为各国面对全面国力竞争的挑战提供了良好的基础。世界范围内的高等教育越来越提倡终身教育，德国将高等教育视为培养学生终身的一种手段，美国、日本、英国、法国和其他国家致力于提高人文素养，并培养具有科学和人文素养的全方位人才。可以看出，培养人文素养将在未来的高等教育中发挥重要作用。简而言之，单一的专业教育不能提高教育质量或科学技术水平，我们应该不断探索与发展新时代的人才培养模式。

(四) 从满足我国教育深化改革的需求看

在新形势下,教育的主要任务是加快教育改革和发展,培养大批人才,进一步提高劳动者素质。我们需要建立一种适应社会改革需要,更好地服务于中国现代化建设的教育体系。政治、经济、法律和科学技术等因素本身包含着贯穿高等教育改革和发展的价值观。我国教育的进一步发展和改革必须建立在以往教育工作成果和经验的积累上。

同时,中国的教育在改革开放和现代化进程中适应性较差,普遍处于"滞后"状态。在实践中,教育的地位并没有得到充分的体现,教育投入不足,教学设施落后。在深化教育改革的过程中,有必要改进教育观念、内容和方法,加大教育经费投入力度,进一步加强和改进学校的思想政治工作。政治、经济、技术体制改革的深化,需要逐步调整运行机制和教育体制。

人文素质的提高,可以进一步提高学生的思想深度和道德水平,巩固社会主义思想和爱国主义、集体主义的情怀,并引导学生运用马克思主义的观点和方法来理解实际问题。鼓励学生发展健康的人生观和科学的世界观,使学生树立远大的理想,提高他们发现和抵抗腐败思想的能力,并增强他们对中国特色社会主义的信念。在提高人文素质方面,注重形成中国优秀的文化传统,建立道德教育队伍,促进学生的全面成长。同时,它是形成良好的学校精神和提高我国学校文化建设人文素养的重要动力。

二、人文素质培养的对策

实施人才强国战略,是提高国家竞争力的关键。综合国力的竞争最终是人才的竞争。为了提高国家的竞争力,世界各国制定并实施了新的人才战略。高端人才和技术创新已成为大国之间竞争的决定性力量。

(一) 积极开设人文社科选修课程,强化大学生人文精神的教育

人文素质对学生的全面发展具有重要影响,因此,重视人文素质的培养已成为不可否认的问题。为了重视人文课程的作用,提高人文素质教育

的实效，必须充分考虑人文教学的重要作用。通过不断改进教学方法，努力在课堂上营造浓厚的人文氛围，使学生在潜移默化中受到人文素养的影响。在人文课程中，高校不仅要重视具有人文教育价值的课程，而且要重视对人文精神的弘扬。此外，可以适当添加专业文化背景课程和创业教育课程。通过开设人文社科选修课程，学生可以了解专业的文化和历史背景以及其他文科知识，增加专业的文化内涵，提高学生的学习兴趣，拓展学生的视野。提供创业教育课程，可以使学生了解劳动力市场的状况并强化积极的创业意识。课程体系中的课程应考虑人才的总体发展并满足社会需求，完善的课程体系将对人才教育质量产生积极影响。

人文素质课程体系的设计应反映高校人文课程的实际实施情况，并反映学生的实际需求。人文素质培训课程内容丰富，涵盖文学、艺术、政治、经济学、历史等方面。因此，不断丰富课程体系，可以避免课程的单一。因此，学校必须对课程管理的各个方面进行整体规划，以使人文学科的培养标准化和系统化。同时，充分利用学科间的渗透性，使专业课程与人文知识相结合。为了培养学生的综合技能和个人发展能力，优质的人文课程在高职教育体系中应占一定比例，建立多层课程体系。在人文素质的许多方面，从各个方面选择一到两门必修核心课程，并根据学生的需求设置选修课，以满足学生人文素质的要求和基本目标。

传统文化课程可以提高学生对传统文化的理解，文学课程可以提高学生的语言水平；艺术课程旨在提高学生的审美能力，哲学课程可以帮助培养学生的思维能力，帮助他们更好地理解世界。根据学校的特点和人文素质培养目标，可以增加一些专题学术讲座、校园文化活动和社会实践活动。

（二）正确处理人文素质与专业素质教育的关系，完善优化课程设置

为了培养出高素质的人才，有必要更新课堂教学方法。灌输方法已经不再适用于今天的高校人才培养模式。启发式和情境模拟的教学方法不仅着重于知识的培养，还着重于自主性的培养。根据学生的特点，知识被内化到学生的素质中，以塑造符合社会需求的学生的科学研究技能。教育方法要体现人文精神。在尊重学生人格的基础上，要注意学生人格和价值观

的形成以及教师的领导地位和作用。

需要注意的是，学校应处理好人文教育与职业教育的关系。尽管职业教育与人文教育之间存在很大差异，但它们是可以是相互关联、相互补充的。知识和职业培训并非对立。在人文教育方面，高校应该在专业知识的深度和人文知识的广度之间做好平衡，使学生的综合素质得到巩固。职业教育是人文教育的深化，人文教育是职业教育的巧妙发展。在高等教育中，应将职业培训和人文培训相结合，并贯穿整个教育系统。应通过人文环境的影响，建立人文教育人才培养模式。人文教育有助于职业培训的顺利发展。同时，人文教育必须以职业培训为基础。随着社会的高速发展，如今高校教育更加注重专业性。在掌握学科知识的基础上，学生应理清人文与专业学科的关系，增加知识的广度和深度，实现不同专业和不同文化之间的交流。

同时，有必要将人文教育与职业教育相结合。在原来的一对一教育模式的基础上，增加人文教育的内容，充分利用人文教育和专业教育，提高了学生的专业研究技能。在教学过程中，增加适当的实践练习将有助于实现人文教育资源的整合。加强学生的人文指导，引导学生追求生活的意义，掌握科学的技能。此外，还可以适量增加一些文学艺术课程、社会道德课程、历史文化课程，这些课程和知识对学生的文化素养是一种补充，同时，也是提高学生人文素养的必备手段。课程优化应形成一个有效的系统，从而扩大专业知识的范围并加深对基础知识的理解，改革原有的教学体系，运用灵活多样的教学方法。课程的优化应该体现出培养学生追求全面发展，强调个性的人文精神，将人文精神渗透到专业课程的教学过程中，发掘与专业课程有关的人文知识，使学生在学习过程中巧妙地将人文知识与专业知识结合起来。这种结合将丰富学科知识，并提高学生对学习和人文素养的兴趣。

（三）积极补充人文课程教学资源，完善基础设施建设

为了改善人才的培养条件，提高学生的人文素质，学校需要提供适当的硬件和软件设施。在这种情况下，补充教材和改善基础设施尤为重要。高校需要不断优化教材，并且举办丰富的文化活动，补充各种人文课程资源，才能培养大批具有深厚人文素养的专业人才。硬件可以增强所需的教

室和设施，如教室、实验室和多媒体教学设备等。软件可以改善教学理念，提高教师传授知识的能力，并提高人才教育的质量。学校需要积极地补充教学资源，尽量满足教师和学生的教学需求。积极寻找学校的教学资源，力求最大程度发挥教育资源的作用。教材的选择应根据学生的实际需求，并能够与课堂教材一起使用，以提高课堂效果。在充分利用教材的基础上，添加一些精选的辅助教材，积极拓展学校图书馆资源，举办高质量的讲座、学术报告和实践活动，可以对课堂教学起到很好的辅助作用。

补充性的教材要易于理解，符合学生发展的需求并有助于增长学生的知识面。预期的教材不是全部教学内容。适当地附加教材会大大增加教学的吸引力。补充教材可以弥补教材的不足，进一步丰富教学内容。教师应在课堂上引入课外资源。例如，适当添加一些名人名言和俗语、谚语，与深奥的理论相比，学生会发现更容易接受和理解它们。在教学过程中，对名言警句的熟练运用可以帮助学生正确对待生活和行为，并正确对待学习和生活过程中的问题。适当的课外教学材料还可以反映教师的技能，吸引更多的学生，确定课程内容，提高教学效果。此外，还可以在课堂教学中添加时事热点材料，提高学生解决实际问题的能力，学会使用自身的文化知识来分析和判断事物。添加大量的时事材料会激发学生的学习兴趣，并鼓励他们利用所学知识。

任何可以增强课程内容、提高学生的知识水平和发展学生的操作技能的资源都可以用作教学资源。在完成教学资源时，我们必须遵循教学目标，为教学目标服务。要充分考虑学生的认知水平，利用学校的资源，做好课程设计，避免盲目性。在日常课堂活动中，学校必须为学生提供大量课堂资源以外的信息和资料，方便师生使用。有必要认真分析学校的现状，找出基础设施建设中的基本问题，并按照总体规划和逐步实施的原则，完善具体的建设项目。

（四）加强校园文化建设，营造良好的校园人文氛围

校园文化是学校、老师和学生共同构建起来的一种特殊的社会文化现象，它表现在校园生活的方方面面，体现了一个学校的文化底蕴和人文精神。校园文化是经过长期积累形成的，包括学校的办学理念、学校师生的价值观等。提高学生的人文素质必须加强校园文化建设，这也是提高学校

办学质量的唯一途径。我们需要从社会主义核心价值体系的角度来理解在大学中建立校园文化的重要性。校园的各种标志反映了校园的物质文化。使用文字符号作为载体的建筑物、雕塑、学校徽章、学校报纸等，是校园物质文化的一部分。学校管理的规章制度、行为规范和运行机制可以反映学校系统的文化，并已成为校园文化的重要组成部分。学校的各种文化活动、讲座、学术报告、演出等，体现了学校的人文环境。校园文化的内涵是在长期积累和完善中产生的精神文化，反映了广大师生的价值观。

同时，学校运营的宗旨和教育目标应围绕校园的精神文化来实施。校园精神文化氛围是一种潜在的教育力量，是学校教育发展的重要动力。校园管理系统是构建校园文化必不可少的环节，也是构建校园文化的重要方面。良好的制度环境将有助于师生养成良好的生活习惯和高尚的道德感情，并体现校园精神。

（五）完善大学生的心智，培养大学生高尚道德情操

提高大学生的心理素质，需要先培养他们自省的能力。这是培养心理素质的初始阶段。学校应引导大学生保持宽容的态度，并增进理解。大学生必须从现实出发，将理论与实践相结合，不断发现自己理论的局限性，实现自我完善。大学生从思想的深处有意识地养成善解人意和自我反省的习惯，这有助于与周围的人一起创造一个智能、和谐的学习和生活环境。

情商水平对学生的职业发展和生活过程具有重大影响。因此，学校需要调动一切教学方法，以提高学生的情商水平。情商不仅是生活必需的素质，社会也需要具有智商和情商的人才。在某些情况下，情商有时可以帮助学生发展智商。情商需要通过不断学习和有意识的训练，才能得到逐步提高。只有具备良好的心理素质，大学生才能面对工作和生活中的各种挑战。大学生应增强系统思考的意识，发展整体观念，提高自身的思维能力，使自己能够成为高水平人才。

三、协同育人

协同是被广泛应用于社会生活中的词汇，泛指相互合作和共同完成某一目标任务的过程或能力，这种过程就是协调各个方面，使其作用于主

体、并服务于主体的能力,主要目的是要产生一种 1+1>2 的效果。

(一)协同育人的概述

1. 协同的含义

目前,协同的定义尚不统一。不同领域的学者对协同有着不同的定义。他们从不同的角度定义了协同作用的概念,如协同作用的产生、表现和效果。

本研究综合了其他各种研究,认为协同作用的重要性可以归纳为:在一定的模式控制下,对系统进行整体优化,系统中的每个主体通过非线性相互作用和有机结合发挥自身优势,因此,该系统朝着有序、稳定的方向发展,并最终通过自组织功能实现合作。不同部门和子系统的行为效果大于其自身效果的总和,即"1+1>2",并在宏观层面形成一个新命令。

2. 协同的主要作用

协同学(synergetics)起源于 20 世纪 70 年代,由物理学家 Hermanharken 创立,协同理论的研究主要集中在远离平衡态的开放系统如何自发地形成有序结构,并通过系统内部的协调与外界交换物质和能量。1977 年《协同学导论》和 1983 年《高等协同学》的出版,系统地论述了协同学理论。哈肯在《协同学——自然成功的奥秘》中定义"协同学"为:"协同学是一门在普遍规律支配下的有序的、自组织的集体行为的科学。"

哈肯从各种复杂的开放系统出发,研究了它们从旧结构到新结构转换的相似性,找出了它们从无序向有序转化的规律和机制,然后得出结论,系统内大量子系统的协同效应是形成系统完整性的重要因素。

(1)协同效应

协同效应是指在一个开放的复杂系统中,内部要素相互作用所产生的整体效应的结果。无论是在自然系统还是社会系统中,只要与系统外部环境有一个资源和信息能量交换的过程,或者当内部子系统在不断积累的过程中达到临界点时,系统各子系统就会产生协同效应。这种效应可以使体系在达到临界点时发生质的变化,进而产生协同效应。这种效应可以将无序系统转变为有序系统,最终生成结构稳定的系统,并使系统中各子系统、各子部门的行为效果超过其自身个体行为的总效果,用公式表示为"1+1>2"。

(2) 伺服原理

伺服原理主要描述在系统中不稳定因素与稳定因素相互作用的过程中，快变量服从慢变量，形成系统的自组织过程。在稳定和不稳定的临界区域，只有序参量，即少数几个集合变量将支持子系统的其他变量，使系统达到有序状态。

(3) 自组织原理

自组织是指一个系统在没有外部指令的情况下，系统内部各子系统发挥其固有的、自主的作用，按照一定的规则，依靠子系统之间的合作来形成一定的结构或功能。系统自组织行为的一个重要条件是系统的非线性效应。简而言之，非线性效应是指系统内部的子系统在系统中相互联系。每个系统中的任何微小变化都会导致系统的巨大变化。这种协同作用使系统能够自行进化和发展，最终达到功能或结构的有序。

3. 协同育人的含义

虽然学术界对合作教育做了一定的研究，但没有正式的概念界定。有学者将协同教育定义为"以培养和使用人才为目的，在系统内共享资源、积累能量的有效互动"，也有学者将其定义为：协同教育是一种教育模式。合作教育模式是指两个或两个以上办学主体通过相互合作，发挥各方优势，共同制订培养方案，充分利用各方教学资源，提高学生实践创新能力的人才培养模式，旨在培养适应经济社会发展需要的高级专门人才。

4. 协同育人机制的含义

"机制"是指社会系统各组成要素之间相互作用的过程和原则。换言之，它是指"在一定的机制基础上，由系统各要素相互作用形成的一种相对稳定的关系及其运行过程和模式"。这一机制不是静态的，而是按照既定规律运行的动态过程。在现有研究成果的基础上，本文界定了协同教育机制的内涵：协同教育机制是指教育实践过程中的子系统，在遵循合作教育原则的基础上，各组成要素形成了一种稳定的相互合作关系及其内部运作过程和模式，以实现共同的教育目标。

（二）协同育人——校企协同育人

1. 校企协同育人的目标

校企合作教育是指校企之间的紧密合作，以全面、完整的过程发展人才。校企合作教育是校企深入合作的必然结果。职业高等教育取得了长足发展。高校的数量和规模占全国的一半，为社会提供了大量的人才。但是，不可否认的是，高等职业教育中人才培养的质量常常不能满足社会的需要，学生毕业后也找不到合适的工作，而企业无法在市场上聘用合适的人才。造成这种现象的主要原因是校企合作方面的缺失。加强企业与学校的合作可以改善职业教育的这种现状。校企合作需要制定人才培训计划，设置更加合理的课程，积极组织各种实践活动，以实现学校与企业、教师和工程师、教学过程和生产过程之间的无缝连接。由企业根据自身岗位需求进行人才培养，学生毕业后可以直接工作，降低了企业的人才培养成本。在产业转型升级的大背景下，企业依靠自身的经营和能力已无法适应激烈竞争的市场环境。他们必须依靠科技创新来提高生产效率。技术创新需要创新人才来实现，企业需要高校培养一大批具有创新创业意识的人才。

高职院校与相关企业要共同研究制定校企协同创新创业人才培养目标。合作企业应将市场需求、企业未来发展方向和企业急需的技术人才规格反映到高职院校人才培养计划中，以确定准确有效的技术人才培养目标。

2. 校企协同育人中各参与者的作用

（1）政府的主导地位

政府在校企协同教育中起着非常重要的桥梁沟通作用。高职院校与生产经营企业在校企协同过程中有着不同的利益起点。高职院校需要协同企业为学生提供岗位实习，企业则希望高职院校为他们提供廉价劳动力，从而降低企业的生产成本。但是，企业不愿意在人才培养上花费太多的时间、金钱和精力，因此在合作过程中难免会出现校企之间的一些分歧和冲突。政府作为校企合作的"调节杠杆"，在政策制定、法律制定等方面具有一定的话语权和配置权，能够很好地配置公共资源，在宣传教育、政策制定、沟通协调、激励评价等方面发挥作用，从而促进校企合作的健康可持续发展。党中央、国务院和地方政府高度重视发展职业技术教育。全社会都希望职业技术教育能为中国经济发展注入活力，也希望通过校企合作，培养出非常稀缺的技术人才，特别是高级技术人才。

(2) 行业的指导功能

产业组织是在自愿的基础上，出于共同利益的需要而形成的公益性、非政府性的非营利社会组织。行业组织在行业中具有较大的话语权和影响力，它不仅是行业成员的利益所在，更是行业成员与政府、学校和行业成员之间沟通的协调者，有权制定行业规章制度，要求本地区企业在相应的行业组织登记注册，加入相应的行业团体。行业组织在行业内具有最高权威，可以制定行业职业资格标准，并进行相关职业技能认证。产业组织不仅具有行业权威，而且承担着重大的行业责任。例如，收集企业岗位需求的最新信息，对劳动力现状、需求领域、劳动力成本等方面进行社会调查，并反馈到人才市场和政府相关部门，为建立专业、课程设置、职业生涯规划等提供了参考。

行业组织要积极发挥"中间人"作用，通过"两会"和提交相关研究报告，向有关政府反馈行业最新发展形势和需求、高校和企业在人才培养方面的需求和障碍，并提出一些切实可行的解决方案，以促进政府落实各项有利于行业的政策法规。行业组织还可以为高校人才培养专业机构提供专业指导服务，为企业提供"订单式"人才培养，协调解决高校与企业在工程人才教育培养方面的矛盾。

(3) 企业的参与地位

企业参与校企协同教育对于企业自身的生存和发展具有两大优势。一方面，企业通过参与人才培养和教育过程，将人才需求直接反映在教学培养计划中，从而获得企业所缺乏的人才。人才培养是校企协同教育的目标。企业参与的目的是获取企业所需的人才，有利于企业最大限度地降低成本。另一方面，企业也会将生产过程中遇到的一些技术问题反馈给学校，希望在新产品研发、老产品技术改造等方面得到校方的支持，员工技术知识培训，科技前沿与发展趋势咨询。

(4) 高校的主体地位

为了国民经济和地方经济的发展，不断输送急需的产业工人和高级技术人才是高职院校办学的宗旨，也是高职院校的社会责任。高职院校在培养学生的过程中，扮演着"引导者"和"主人翁"的角色。学生能否成才、成为什么样的人才，取决于高职院校的塑造过程，即教育培养的过程。高职院校在学生教育培养过程中处于主体地位，对政府、企业和行业组织起着不可替代和不可克服的作用。但是，高职院校也有一定的局限性。高职院校制定的人才培养目标和教师掌握的相关职业技能，可能与社会发展和企业就业的需要不相适应。因此，有必要成立以高职院校为主体，政府、行业组织、企业、社会为辅助的董事会和校企协同人才教育培训委员会。校企合作人才教育培训委员会可以吸引行业领袖、资深专家、行业智库、企业家代表、企业界代表等作为成员参与人才教育培训活动。委员会可以定期召开会议，听取高职院校人才培养的最新进展和下一步工作计划。有关委员可以根据掌握的最新情况，提出建设性意见。

3. 校企协同育人的建设

（1）以市场需求为导向，校企共拟人才培养方案

能否培养出适应国民经济发展需要的人才，是检验一所学校教育培养人才成败的试金石。为适应时代发展，要紧跟国际经济发展趋势，服务国民经济发展，及时掌握行业发展最新信息，及时组织教师、行业组织和用工企业进行社会调查，预测分析人才需求，科学制定校企合作人才培养目标。在制定人才培养目标的过程中，市场发展需求起着导向作用。学校要以市场为导向，兼顾系统性、完整性的质量理念，兼顾企业的用工需求。校企协同培训委员会通过由行业领袖、资深专家、行业智库、企业家代表、工商界代表等组成的校企协同培训委员会，为适应行业发展需要，顺应时代发展趋势，满足企业人才需求和学生可持续发展的需要，制定人才培养方案。江苏财经职业技术学院经过与企业、相关行业组织以及学科带头人的调研、示范和交流，提出了培养高素质技能型人才的目标。江苏财经职业技术学院重视学生的管理能力、合作能力、人际交往能力、实践能力和自学能力，为学生的实践活动提供市场、场所、设备、资金等方面的支持和帮助。江苏财经职业技术学院在实践教学中引入"做中学"的教学模式，特别注重案例教学和实践教学，帮助学生从感性认识升华为理性思维，使学生对知识有一个清新明亮的认识，使他们尝到了创新创业的"甜头"。

（2）优化课程设置，构建基于工作过程导向的课程体系

基于工作过程导向的课程也可以称为"工作过程系统化过程"。也就是说，我们在设计教学过程时，不是把教学内容机械地划分为各种教学块，而是对与业务活动相对应的专业教育活动过程中的工作任务进行分

析，从而将教学内容划分为不同的教学小块，将各教学环节有机结合，实现教学目标，满足企业对人才的能力要求。它是以就业为导向的，根据不同的就业活动，确定不同的教学任务，并进行分析、筛选、归纳、总结、提炼，确定专业对应的行动场，即我们常说的能力场。这些都是基于企业的用工需求。要达到教学效果，就必须根据学生学习发展规律和职业教育发展规律，把行动场转化为学习场，提升为能力场。任何一门专业课程的目标都应该是一个有机结合的工作过程。为了更好地实现本系统的工作过程，有必要在课程设计中对典型的工作任务进行分析、筛选、总结和提炼。根据需要掌握的知识点，通过案例、实验、培训、实践等载体设计不同的学习情境，使所有知识内容变得生动。通过情境教学，引导学生从感性认识向理性认识转化，使学生具有较强的动手能力和科研能力。每个学习情境所教授的知识点在逻辑上是一个有机完整的小单元，它可以实现每个学习情境的工作过程，使学生掌握相应的知识点，学习相关技能，提高专业素质。

（3）依托校企协同育人，构建专业技能与人文素养培养课程体系

专业人文素质平台是培养学生人文素质的重要途径。它是职业技术学校技能和技术教育的重要补充，有利于学生在日益激烈的就业竞争中脱颖而出。高职院校主要通过公共基础课、校园社团、文化艺术节、系统的素质教育等方式，开展思想道德教育、职业素质提高、艺术熏陶、语言表达能力和逻辑思维能力培养、专业实践技能提高等培训活动。

专业技术平台旨在培养国内紧缺的高级技术人员。目前，中国缺少的不是普通的技术工人，而是掌握行业核心技术、能够引领企业发展的高级技术人员。高级技术人员缺乏已成为制约我国经济社会发展的瓶颈。这就要求学校树立正确的人才观，为学生提供工学结合、学做结合的多功能教学局面，开展项目教学，根据行业发展前沿不断进行技术创新，从而渗透行业文化和职业素质。

现代技能平台是指对学生进行技能训练和操作的最新技术，使学生在学校能够掌握现代职业技能。其中包括专业外语和日常外语的学习与应用，专业领域信息化的应用与培训，以及中英文读写表达、国际礼仪、人际交往技能等课程，接待礼仪等课程的开设，使学生能够在日益激烈的国际和全球竞争中寻求生存和发展的机会，适应现代社会对专业岗位的

需求。

四、如何加强人文素质教育

（一）构建培养人文素质的课程体系

人文素质教育主要是人文教育，其中包括文学课、历史课、语言课、艺术课、哲学课、道德课、思想课、政治课等。在这基础上对学生进行人文精神的培养，特别是民族文化的教育。民族文化包括基本文化传统、基本的民族精神和爱国情怀的教育。此外，通过传统文化的教育，可以使学生更好地接受民族的基本世界观、价值观和道德准则，并促进个人与社会之间的相互认可。因此，将认知发展过程作为课程的起点和目标，以技术实践、社会需求与发展、学科知识的内在逻辑体系和学生自我实现为基础，设置课程，以达到人文素养的培养。学生的思想政治教育可以通过加强哲学、经济学和政治学、法律等课程，同时注重学生的思想品德教育，加强课程的横向整合，开设心理教育课程、职业咨询课程和专科课程等选修课程，以促进学生的个性化成长。

（二）人文素质教育是全面的教育

人文素质教育不是单纯地传授知识，而是通过知识的学习，锻炼思维能力、提高思想境界。在课堂活动中，教师应认真挖掘专业和学科的人文内涵，并遵循专业性和思想性相结合的原则，以提高学生的人文素养。首先，教学活动应体现人文关怀。在教学中要营造有利于提高人文素质的人文氛围，发展良好的师生关系。其次，我们需要深入研究人文教育的内涵，不断揭示人文教育在人才培养中的重大作用，倡导对人才的全面培养和人文素养的重要性。我们必须重视通过人文教育达到人类的和谐完整，用人本主义思想来指导科学思想。要通过人文教育来揭示人性的本质，通过人文学科的教育来培养学生对文明与文化全面的认知和思考，从而培养他们的思考能力和感悟能力。学校要尽量提供条件，向学生提供丰富的资料，组织各种文化活动，全面介绍文化发展的历史，让学生在理解的基础上更好地学习科学精神和人文精神，并让学生在扎实的文化底蕴的基础上，探索生活之美，以使自己的精神世界得到满足。另外，学生要积极地拓展跨学科的视野，通过科学教育把文化意识形态巧妙地带入学生的学习中，以完成人文素质的教育。教师应从学科内容的思想性中入手，以便学生通过学习知识和技能，来提高自己的素质，锻炼自己的意志，发展自己的能力。

（三）加强社会实践活动

实施特定主题的活动课程。实践活动课应根据学生的特点和学科的类型来设计。该课程由老师授课，实践课程的形式，组织和实施由学生自己设计和解决，以便学生可以有直接的经验。既要培养学生独立创造的勇气，又要树立团结合作的精神。保持人文素质可以增强学生的学习、创业和综合专业技能。

简而言之，职业教育中高质量的人文教育是必不可少的，特别是在现代职业教育的发展过程中，这一点更加重要和紧迫。我们需要通过教师实践和特定的教育和教学方法来强化，以便满足对优质人文教育的需求。

第二章 高职学生的人文素质教育

目前,高职学生人文素质教育面临的大环境是高等教育的大众化。而在高等教育日益大众化的当下,至关重要的一环是高职学生人文素质教育的加强工作。它也是发展中国高等教育事业过程中的基础性需求。在国内大力开展人文素质教育与国内高职教育事业发展要求的方向是完全一致的,在大力提高当前高职学生综合素质的过程中,最为迫切的是要推动人文素质教育。依照党中央所制定的教育方针,国内众多的高职院校主要是为了培养出德智体美劳全方位得到发展的综合性人才。

只是随着时间推移,受应试教育指挥棒的影响,学生在中学阶段的综合素质没有得到应有的重视、开发和培养。我国高职教育的深化改革之所以可以取得成功,关键点就在于不断推动人文素质教育。同时,对于高职学生人文素质教育推广加强的过程也是对高校教育思想和人才培养模式所进行的一次关键性的探索,这可以从最根本性的层面深入国内的高职教育,从教育思想,再到教育观念,最后再到人才培养模式。同时这也是把当代高职学生人文素质培养作为切入点,也是进入新时代进行大学生德育工作的核心内容,使得高职学生的生活品位逐步得到提高,内在的思想境界也一步步得到提高。

第一节 职业教育中的内涵及定位

素质教育是我国教育的改革方向,它是以提高全民族素质为宗旨的教育,以全面提高学生的基本素质为根本目的,以注重开发受教育者的潜能,促进受教育者德智体诸方面生动活泼地发展为基本特征的教育。所谓人文素质，指的是人被称为人的所具有的理性觉悟、理性叙述和实践性规范。主要包含在学习基础上理解人文学科，还有在生活中为人处世的现实规范，追求内在精神和价值的理论升华。因此，对学生进行人文素质教育是素质教育的内在要求，对高职院校来说，加强学生人文素质教育具有重大的现实意义。

一、职业教育的内涵及定位

若是从职业教育的内涵和社会分工定位作为初始的视角，那么在发展过程中，起到重要作用的是人文素质教育。针对素质教育而言，其内部的职业基础教育应当与专业岗位共同往前发展。核心宗旨是为了培养出具备强能力、宽基础、一专多能型的综合性学生。何为职业教育呢？若从广义的视角来看的话，可以这样来定义："在进行普通的学校教育以外还尝试学习一些与科技相关的科学，来获取与经济和社会生活领域相关的较为实用的技能、态度、理解与知识的整个教育的过程"，主要内容包含三个方面：第一，职业生活教育是进行普通教育必不可少的组成部分；第二，作为职业准备教育，是预备在某个职业领域开展职业的一种教育；第三，职业进修教育是开展继续教育过程中的其中一个环节。而职业教育本身有着特殊性和独特内涵，看重的是职业教育发展与市场经济发展和整个就业市场的契合程度，尽力使劳动力市场的各样需求和要求得到满足。因此，当下的职业教育已不单单是一种传统意义上的职业训练，也并非有关专业技能的学习，更不是一种针对专业岗位所进行的教育，而更为看中的是职业素养和职业能力的培养。正因为如此，在当前这个社会大环境下，人文素质教育所发挥的作用才开始凸显。

二、人文素质教育在职业教育中的现状

把能力作为根本的现实主义在过去的一个世纪内一直占据着主宰的位置，长年累月，使得职业教育蒙上了浓重的功利色彩，于是职教人才的一个重要特点就是实用性。这种把职业教育作为核心的观念，使得职业教育

在早期就向着功利化方面发展,却容易忽略教育的核心目的——教育人。因为深受传统层面上职业观和人才观的熏陶,使得职业教育始终无法凌驾于现实的功利性之上,其内在所看重的职业和技能完全摒弃了精神层面的陶冶,使得它与人文精神之间的距离渐行渐远,也使起初旨在教育培养人的目的也被时代的浪潮所淹没。职业教育过程中的各种问题也纷沓而至。比如,实践能力得不到有效提高,就业后在社会责任感、工作态度和团结协作精神方面的缺乏,没有很突出的创作能力和拓展能力,与此同时,还无法很好地适应职业岗位和整个社会环境。

从最开始的时候,职业教育就被定位为一种有关"人力"的教育,而并不是人们所认为的"人"的教育,正是由于在技术理性和现代科学世界观的共同影响下,人们根本没有过多的力量去寻求职业范畴以外的教育目的,也就忽略了对于教育目的更多的追求,人文文化也渐渐淡出人们的视野,由于对于学生人文素质的培养缺乏足够的重视,致使在对学生进行职业教育培养的过程中缺少人文文化作为基础,使得人文精神无法发挥其引领性作用。越来越多的失范现象在职业教育过程中出现:对于科学文化知识缺少全方位、正确的认识、理解和掌握,也就无法为学生塑造一个健康、正确的价值观和世界观,致使学生内心无法形成强烈的社会责任感和道德感。

职业教育中所采用的"器械教育"直接把学生带到了一个全然物化的环境中,盲目追求个人的独立进步与发展,这样就很容易忽视掉最基础的人文教育。一旦把得以生存发展的关系基础抛诸脑后,那么对于学生职业素质和职业能力的培养和提高也就无从谈起。教学过程中缺少人文素质的培养现象,不仅与自身的身心发展规律相违背,而且还与教育发展的规律不相符。

三、职业教育中人文素质教育的重要性

作为职业教育,既要顺应职业教育整体的发展趋势,又要结合目前职业教育发展的整体现状,对于职业教育的培养目标、教学理念和办学方向要给予准确的定位。职业教育的发展策略是这样的:采用的是把劳动力转移作为核心目标的正式劳动就业之前的预备教育,使得学生不仅仅学习和

掌握了相应的生产技术与技能，赢得了相应的就业资格，而且还使他们的就业技能和机会大幅度提升。与此同时，还要适应当前职业教育的超前发展，使得学生的升学预备教育和就业预备教育的需求都能得到满足。

（一）职业教育的发展趋势和市场定位

从职业教育的市场定位和未来发展趋势为出发点来看，职业教育不但要满足个人和社会教育的需要，同时也要满足个体发展的需要，而这些需要唯有以人文素质教育作为前提才能使其得以满足。作为职业教育，最本质的定义为："使无业者有业，使有业者乐业。"伴随着社会的不断发展，处于极速调整中的经济结构和不断变化中的劳动力市场都在短期内呈现出一定的周期性，使得职业教育的功能和内涵都得到深入的拓展。从最开始单单只为了使就业和谋职得到满足，一步步发展到个人的职业发展和职业生涯得到满足；从起初的寻找工作、谋求职位一步步发展为创业之前的准备教育。作为就读于职业学校的学生，在社会经济未来发展的浪潮中正渐渐成为连接农村和城市经济贸易的重要桥梁，为着农村和城市的经济发展实现互补和交融发挥着关键性作用。正因为如此，就需要职业教育在发展过程中不断加强创业准备教育。

带领学生尝试从理性的视角来开展自我的认知，使学生慢慢地学会依照已经存在的社会环境和社会资源进行生存选择，寻找其中的商机，还包括针对创业项目是否可行而开展的研究和调查，同时还要对创业的成功与否及所取得的成绩给出对应的评价和及时的处理创业过程中凸显出的各类问题。以上所说的种种，都要求学生一定要具备人文知识，对于人文思想有一定的理解，理解并掌握着人文方法，遵循并学习人文精神。

（二）促进学生精神世界的培养

在鉴赏文学作品的过程中，时常需要作者和读者在情感层面实现一种默契。只不过现如今的大学生有着比较单一的社会实践和颇为简单的生活空间，因此生活中一旦碰到迷茫无助的时候就渴望得到相应的宣泄，以期得到理解。在这个过程中，参与其中的教育者可以借助于人文素质教育来带动学生在精神上获得共鸣，通过科学的方式帮助大学生完成对于内心情感发泄方式所开展的探索活动,使得大学生的内在精神世界有着很好的提升❶。

与此同时,学生们的情感世界也在各种经典文学中得到强有力的促进作用,这些有助于学生更好地获取情感的宣泄、更好地表达自己的内在情感,这些在学生的身心健康发展过程中发挥着重要的作用。身处青春期的大学生的个性都比较鲜明,往往有着复杂的情感,因此,为了更好地对学生进行引导,有必要借助于人文教育学科上的各样优势,一步步引导学生养成更加正确、积极的感情观,进而为着构建更为科学的人生观和价值观奠定扎实的基础。

(三)促进学生文学修养的提升

以众多的教学实践来看,鉴赏文学作品可以极大地提升个人的文学修养。目前,作为大学教育基础课程之一——人文教育,对于培养学生的文化品格和文学修养极为重视。学生是进行人文素养教育的教学主体,在具体的教育过程中,要通过切实有效的方式引导学生构建起积极向上的思想,把学生的综合全面发展看作是重点,针对学生的人文素质教育给予重点关注❷。带领学生鉴赏诗词歌赋的时候,教师可尝试引导学生通过诗词来表达个人的心态和思想,从而使学生在品味文学作品的过程中引发更多的共鸣、调动学生们学习的兴趣,这些有助于学生个人素质和文学修养的提升。

(四)发展职业教育成为终身职业教育

作为终身教育未来的发展,为了使学生的职业素质和综合能力得以系统、全面的培养,加强对学生人文素质的教育就变得更为迫切。所谓的职业教育,主要包含个人对于职业教育的认知、技能和情感,重点在于培养职业素质和发展职业技能。职业教育发展的核心已经慢慢转移到培养学生持续学习的能力和进行专项终身职业教育。而对于现代职业教育来说,已

---

❶ 达娃卓玛. 如何在高校语文教学中培养学生的人文素质 [J]. 开封教育学院学报, 2017, 37 (1): 153—154.

❷ 李秀萍. 人文素质教育在高校语文教学中的应用研究 [J]. 电子制作, 2014, 62 (24): 150.

经开始从"能力为本位"慢慢走向"人格为本位",从起初针对传统职业技能所开展的各项培养一步步转向了培养基础学历和"人格力量"。当下这个时间段,职业教育不单单要求学生具备工作相关的技能,而且还要有极为广阔的眼光和视野;不单单要学会如何做事,还要学习如何做人;在工作的过程中不单单要爱岗敬业,还要具备健康的心理和良好的人格;不单单要具备现代人特有的环保意识,还要体现出一定的人文关怀。

因此,职业教育的发展方向应当是终身学习和终身教育,而学会认知、学会做事、学会一起生活和学会生存是建立根基的基础所在,大力培养学生们持续学习的能力,并要尝试把学校所学的知识、技能,还有共同生活的知识和生存知识,与为着以后生活所做的准备和对于未来现实生活的适应融合到一起,方可培养出满足社会各种需求的技术人才,唯有通过人文素质教育才能从本质上源源不断地为职业教育提供旺盛的生命力。

四、人文素质教育在职业教育中的应用对策

(一) 提升教师的人文精神修养

在人文教育开展的过程中,由教师来参与最基础的教导工作。因此,在学生开展素质教育之前,应该先让所有人文社科类教师的内在精神和个人修养得到提升。在职业院校里面,通过人文课堂来带动人文素质教育的长足发展,单从某个视角来看,充分彰显了自身的魅力和气质。在人文类课程当中,主要的部分就是文学鉴赏,通过运用这种方式来培养学生的文学素养和文学内涵,对于学生来说,教师就是他们的最好榜样。因此,针对教师文学素养和文学底蕴的持续加强,是国内进行人文教育过程中提升学生素质的重要前提。

目前,高校开展人文教学过程中产生的问题很多,与阅读传统的名著和优秀文本相比,学生更喜欢看各样的网络小说❶。在众多的网络小说里面,大多数都是言情、武侠和玄幻主题,虽然这些小说里面也有一些优秀的、值得去看的作品,但针对大学生来说,总体上这些网络文学对于培养

---

❶ 郭德珍. 凸显人文素质教育理念在高校语文教学中的贯通 [J]. 科技视界,2015,47 (25): 171-171.

和提升大学生文学的修养是不利的。在整个培养过程中，教师应当树立起一个学生们效法的榜样和范例，在学生中间大力开展阅读文学作品的活动。借助于阅读经典名著来使学生有着极为深厚的文学底蕴，以此来全面提升学生的文学鉴赏能力。

（二）坚持以人为本的教学原则与方式

在高校开展人文教学的过程中，对于人文素质教育的培养一定要落到实处，对于参与一线教学工作的教师来说，一定要坚持以人为本的教学理念。在具体的教学实践过程中，促进师生之间的互动性和平等性的前提是构建教师和学生之间良好的教学关系。教师应当借助于这种关系积极引导学生，对于学生的学习方向给予足够的重视，对于个体的个性发展给予充分的尊重，通过更为平稳的方式来与学生进行交流和沟通。

大学教育，最为显著的特征就是不需要在受到应试教育的捆绑和辖制，使得学生学习过程中的压力得到了极大的环节，正是在这样的环境下，对于学生自身的气质和专业技能，教师要有针对性地培养。因此，身为教授人文类学科的教师，更应当坚定持守"以人为本"的教育理念，使得学生的学习效率和人文素质水平得以全方位提升。除此以外，还需要针对教学方式做一些必要性转变，尽可能使用多媒体设备，为学生呈现出多样化的文学形式，从而为学生培养人文素质教育，实现个人的全面发展，打下了很好的基础。

（三）人文素质教育和高校语文课本有效结合

大学语文的课本中往往包含着众多来自古今中外颇为经典的作品，因此在具体实践教学过程中，教师特别需要对高校的语文教科书加以充分利用，从而使高校人文素质教育的作用得以全方位发挥。只是由于课堂时间和课本知识的限定，教师在进行语文课堂教学的时候，需要补充一些与此相关的知识要点，并针对学生阅读给出一些合理化、有效性建议，通过使用该方法使得大学生的文学鉴赏领域得以拓展，同时还要引导学生多多利用课余时间阅读世界名著。透过对于文学作品的阅读和分析，使学生的情感观念不断得以丰富，进而使人文素质的培养中发挥指导性作用。

人类社会不断发展的过程，也是一个不断追寻真、善、美的过程。所以，人文素质教育工作的开展也是高校教育进程中的一个极为重要的部分。尤其是在目前这个经济文化日益全球化的当下，人们每天的生活方式和学习方式都有着巨大变化，在大学校园内部进行人文素质教育的培养就变成一项至关重要的工作。

第二节　高职学生人文素质教育的现状

同为社会组织的高职院校和企业却有着截然不同的性质：高职院校开展各样工作的根本目标是培养具备高素质技术技能人才，高职院校的三大职能：教学、教研和社会服务，也都是围绕这个根本目标开展的，而且各样的活动都围绕"育人"这个主题；作为一个生产企业，生产出符合市场需求的"产品"是它的根本目标，以此来赢得最大的经济利益，而且各样的活动都是围绕着这个逻辑来运转的。

所以，学校和企业同心开发出动力机制、利益驱动机制、运行保障机制、资源共享机制是合作关系不断得以深化的重要保障。本节重点从国内外层面研究高职协同育人的发展流程以及国内高职育人的现状。

一、国内外校企协同育人的发展状况

（一）国外发展状况

就任于美国辛辛那提大学工程学院的赫尔曼·施耐德教授特别强调，若是想把一个学生培养为一名工程师，那么就一定要给予这个学生更多工程实践的机会。1906年，正是由赫尔曼教授率先提出并创立了协同教育，正式启动了美国校企协同育人运动，直到如今，校企协同教育仍然是全球范围内最为普遍的模式，而在全球范围以内，最早提出协同育人的国家是美国。这之后直到1957年，加拿大的滑铁卢大学才开始在其国内第一次创办协同教育，历经六十多年的发展，直到今天，每年仍然有1万多个学生参与到协同教育中来，它在世界范围内成为开办协同教育规模最大的高等院校。

20世纪50年代，美国"硅谷之父"特曼（Frederick Terman）提出推动地区经济发展的"硅谷模式"之后，20世纪80年代末90年代初，各国围绕校企协同以及产学研合作的问题研究掀起了一个高潮。该阶段主题的研究主要以产学研合作的实践案例作为核心来展开的，所包含的内容主要有政府职能、国别研究、政策环境，还有与此相关的主题。Davies 于1983年针对如何加强产学研合作有关的法案及其产生的作用进行了深入分析。Gray、Eve—land、GidleyandHetzner 一起针对美国国内的创新基金会校企合作研究项目与技术创新之间所存在的关系展开了深入研究。K0ves（1990）对于官产学合作对CIM（Computer Integrated Manufac—turing，计算机集成制造）所起的教育作用进行了研究。Curien（1989）则是分析了政府态度与做法的视角对于法案有助于产学研的发展，除此之外，相关的研究人员还特别研究了日本、中国台湾以及欧洲等地的产学研情况。

来自美国的弗里曼（Freelnan）所撰写并于1987年正式出版的书籍《技术和经济运行：来自日本的经验》（Technology and Economic Performance：Lessons from Japan）中认为，校企协同可以上升成为国家层面的国家行为，正是在该国家行为的引导下，带来了国家经济的快速发展和国际竞争力的进一步提升。也就意味着，在国与国之间有关经济和综合实力的竞争过程中，若是单单依赖市场本身的自由竞争对无法为校企协作的落地提供强有力的保证，同时还要依靠来自国家和政府所发布的相关的政策和制度来进行干预，以此来保证国家发展的战略和规划可以顺利实施。该研究深入挖掘了校企协作最根本的特征，对于政府在校企协作中地位和作用都一一进行了明确，为以后校企协作的进一步发展奠定了坚实的理论基础。

来自国外的学者德梅特里翁（Demetrion）觉得高等教育应当对于往常把教室和实验室看作是主要教学方式的方法进行彻底的变革，从而为学生营造一个可以提升学生真实操作能力和工作技能的大环境，使得学生处于学习阶段的时候就可以获取良好的工作技能和实操能力，便于学生毕业后直接就业。来自海外的学者森克（Senker）特别说明了学术界和产业界应当增进彼此协作的主要原因：第一，作为高等院校，需要的不单单是来自政府给予的补助和财政方面的支持，还特别需要来自别的领域所能提供的财政和资源方面的支持；第二，伴随着市场竞争越来越激烈，研发产品所需要的时间不断减少，与企业自身独立研发相比，企业通过学术界和科学界来进行研发变得更加有利；第三，各类校企协同的科技或产品的研发在政府牵头主导下，可以获取更多的利益，而研究的成果得以在最大范围内推广。1987年，来自国外名为阿特朗（Atlan）的学者提议把校企协同划分为六个类别：①企业对学校所提供的一般性资助性质的研究；②企业和学校以合作的方式建立研发中心；③学校和企业以合作方式共同参与研发；④企业和学校共同组建起产学研发联盟（Consor—tia）；⑤大学里面所设立的业界协调单位（Industrial Affiliate Program）；⑥建立创业孵化中心（Incubator）和科技园区。

自从1990年以来，开始更加细致地研究校企协同推动产学研合作的模式，有着很强的理论性，也突破了原有的研究方法。1999年，李（Lee）研究了校企合作对科技型中小企业的正面影响和校企合作过程中涉及的边界及技术转移的过程。2001年，雷迭斯多夫和埃特克维兹（Leydesdorff and Etzkowitz）通过使用三角螺旋理论来对产学研之间的关系变化进行解释。依照他们所提出的三角螺旋理论来看话，所谓的知识基础可以理解为政府、企业和学校三者之间的相互关系。在这个三角螺旋的关系里面，学校的职能除了教学和基础研究以外，还对企业的形成起到促进作用，也对其技术进步和区域发展起到推动的作用。同时，三角螺旋关系还可以确保前期的投入和技术创新持续进行。2003年，学者埃特克维兹研究并验证了政府、企业、学校三角螺旋关系所发挥出的创新作用。2002年，学者桑托罗和查克拉巴蒂（Santoro and Chakrabarti）深入分析了校企合作过程中企业的规模和技术集中性问题。

1995年，盖斯勒（Geisler）发表了有关内部化关系理论，而且还把美国校企协作研究中心所整理出来的数据作为参考来细致分析校企之间的技术合作。他还特别针对两个问题进行重点分析：第一，企业和学校之间为何更倾向于在研究开发方面展开深度的合作；促成他们长期合作的原因有哪些。2000年，格雷（Gray）深入探究了校企协作过程进行评估的方法问题。1997年，希尔特和古德曼（Cyert and Goodman）以组织学习为出发点，针对校企之间如何建立有效的联系进行了深入的研究。2006年，哈扎拉·卡罗（Azagra-Caro）等人针对地区吸收能力针对企业和大学所开展的研究开发合作程度所产生的影响展开深入研究。

针对产学研合作模式所做的研究，国外的一些学者倾向于针对某种落地的合作模式的研究。2000年，由霍尔、林克、斯科特（Hall, Link, Scott）提出了有关合作的一系列研究模式。包含的主要内容有：从起初彼此之间合同关系管理过渡到技术转移办公室，然后再过渡到非正式的合作。只不过他们同时还指出，高校和企业共同合作来进行研发、一起来承担风险的契约式合作研究模式得到了更广泛的应用，并成为一种发展趋势。依据来自美国国家工程研究院的长期研究显示，此类合作研究模式在整个新产品加工技术和引入工艺的过程中起到重要的作用。时间来到2001年，学者格罗斯曼（Grossman）特别的指出，非正式合作才是技术溢出的关键所在。因此，非正式条件下的产学研合作模式很快成为众多国外学者研究的焦点，而且还会针对这个模式之下由校企协同引导下的产学研合作得以完成的动因和风险还有优势展开了深入研究。

国外学者斯图加特（Geisker）和鲁本斯坦（Rubenstein）通过对与校企协作有关文献进行整理研究后发现，当下，与校企协作相关的研究主要分为六种类型：校企协作过程中政策和组织架构之间不同之处；参与校企协作的各方在目标和任务培养方面的不同点；相关的研究人员在哲学、导向和研究兴趣方面的差异；针对校企协作的效果以及协作机制展开的探讨；校企协作对于学术界和产业界正负面影响的分析；如何对于校企合作的成效进行评估。

OECD（经济合作与发展组织：Organization for Economic Cooperation and De—velopment）秘书处在1999年的报告中，根据各会员国的校企合作方式和程度的不同，将高校和企业界的协作关系分为以下七种：①一般性的协作研究中心；②非正式的个人协作研究计划；③契约型协作研究；④知识转移和训练计划；⑤参与政府补助之共同研究计划；⑥研发联盟；⑦共同研究中心。波顿（Bolton）和罗伯特（Robert）将校企协作分为以下几种类型：①学校邀请一些产业界的科学家或者企业家到高校向学生们宣讲他们感兴趣的新技术或新思想；②学生可以通过寒暑假时间到企业内部做一些实习工作，不但能得到经济上收入，而且还能积累工作经验，为着往后的工作奠定良好的基础；③当高校里开设一门新的专业课或者构建一个全新的培养计划时，须要耐心听取企业界人士的意见和建议，从而使学生满足社会和企业的需求；④高校将暂时不用的实验室或者一些设备租给企业使用，一方面可以获得租金，增加学校的财政收入，还有一个方面是，企业在对实验室以及相关设备进行使用的时候，会选择临时聘用一些大学生作为试验过程中的一个帮手，使得学生的实操能力得以提高；⑤企业和学校之间通过彼此的对话和咨询来建立关系，约定时间进行商谈，使得校企双方合作的力度和内容进一步扩大；⑥来自高校中的教师或学者会在约定时间进入到企业当中进行参观和学习；⑦作为企业，可以为高校的教学和研究供应更多的仪器和设备，便于学者们进行教学和研究。

（二）国内发展概况

1. 对校企协同育人的必要性进行系统阐述

比如，在国内的海峰等学者看来，在逐渐得以确定下来的社会主义市场经济体制的大环境下，政府的外在行为及相应的政策在促进校企合作的过程中发挥着关键性作用。以丁厚德为首的众多学者对于国家创新系统理论展开了研究，认为政府帮助校企合作的功能由起初的转化、组织、实施转换为高层次的战略功能，除了明确校企协同与合作本身所发挥的重要作用之外，同时还提出要把国家战略和国家目标融合到校企协作过程中，通过这些来使校企协作的关键地位得以确立。国内学者周竺和黄瑞华则是选择从知识产权的视角作为切入点，深入论述了校企协作的重要作用。以牛晓霞为首的众学者选择以推动校企合作技术创新的相关因素和优势所在，深入探究校企协作本身的重要意义，很好地表现出校企协作在其中的重要性。而学者马天云主要是通过校企协作过程中给企业带来的影响进行论述。罗毅等人主要针对技术创新与高校的校企协同过程中的正面影响展开研究。在邓之宏等人看来，正是在知识经济背景下，"三重螺旋模型"得以应运而生，在社会创新体系中，高校和企业之间的协作变得愈发重要。

2. 对校企协同育人中存在的问题进行研究

起初，国内的学者杨东占则是针对当时国内产学研的状况、存在的问题和相应的对策进行了全方位的论述，并提出了造成此现象主要原因：一是校企之间的合作缺乏动力。二是校企合作在技术层面存在极大的差异。三是利益分配不是很恰当等。这些不但很好地反映出目前存在的问题。这以后，赵兰香把前期的调查研究作为基础，进而深入分析校企协作过程中的动力机制、运行机制和分配机制,针对发现的各种问题还提出具有建设性的建议;此外,她还尝试以协作制度创新的视角为出发点,通过使用制度经济学理论,着重研究了协作创新过程中的激励机制与技术创新之间的关系方面,对于校企协作的本质、决定因素以及对创新结构的影响加以理性层面的分析。学者罗德明等人通过使用"代理人模型"来详细说明校企协作创新过程中奖励机制问题。而国内学者冯学华则是收集了100多个校企合作的案例作为进一步探究分析的基础,核心在于依照校企协作过程中涉及的内部机制和外部的设定的条件作为一个切入点,深入研究校企协作过程中存在的种种问题,并尝试着想要寻找产生这些问题以及如何解决这类问题策略。

然而国内的陈章波等人则是以怎样使我国校企协作的广度和深度得以提高为重要主题,针对校企协作的现状、遇到的问题以及具体的应对策略进行了全方位、多角度的叙述。学者吕海萍尝试针对整个浙江省产学研融合的情况进行具体的统计调查,同时还对融合产学研过程中所涉及的动力因素和障碍因素展开深入的分析。而魏斌等人试图构建出一个让科技成果在高校与企业间来回进行博弈的模型,也从侧面体现出非合作模式的低效率以及进行合作的必要和可能,成为高校和企业之间协作的依据所在。学者胡恩华等人则对于国内的产学研协作创新中暴露出的各种问题着重进行分析,并针对产学研创新协作过程所遇到的困难提出了解决的四项措施。白庆华等人通过对国家和地方现有的法律法规及政策在促进产学研合作方面遇到的困境进行了分析,并给予了相应的解决方案,带动产学研协作向着规范化、可持续化的方向发展。李江以新制度经济学的视角切入,透过高校与企业互动的层面,对于产学研结合的长久性理论与存在的现实问题进行深入研究。

学者王娟茹等人提出把知识经济大环境下的校企协作模式分为三类:第一类是定为契约型;第二类是技术协作型;第三类是一体化型,并针对各个类型的优缺点、适用条件以及组织形式等方面做了详细的分析。而杨友文等人则是尝试以人才和数据库的高校作为一个切入点,针对高校在产学研合作过程中自身所处的地位、所发挥的作用和解决问题的具体策略进行了论述。穆荣平等人则是针对校企协作在科技和经济体制改革大环境下的现状模式和制约因素进行概括总结,并整理出了相应的建议和对策,同时按照契约的关系可以把校企协作分为四类：技术转让、实体共建、联合开发、委托开发；依照校企协作的发起者来看，可分为三个类型：政府组织型、高校主推型、企业拉动型。还有嵇忆虹等人依照产学研合作利益的分配方式将其划分为九种类型，针对利益分配过程中的问题进行分析，并提出了解决问题的方法和策略。任素宏等人则是通过类别维和认识维在建立校企协作创新过程中与知识产权风险影响因素相关的体系，并尝试利用这个体系来面对企业协作创新过程中所涉及的技术秘密风险影响因素展开详细的探究和分析。张昌松主要从影响校企协作的四个因素入手，分别为协作主体、协作课题、协作主体间沟通以及主客体所处的环境，并觉得处于校企协作创新决策的过程中应当看重这四个方面综合起来所起的作用，用来减少交易所需的费用。

3. 对校企协同育人模式进行初步探索

如果说，针对企业协作育人形成所需的环境特征、组织特征以及协作模式的选择特征等方面由学者郭小川对其进行了系统化的研究。而学者组延勋则是选择使用全新制度下的经济学方法和思路，分别针对产学研合作过程中的制度结构、影响因素、制度效率和产权制度的落地机制——进行了论述。其中的王英俊和丁垄，选择从校企协作育人组织虚拟研发作为一个切入点来进行研究。李琳等人把着眼点放在知识联盟与社会资本之间的关系，对于交易过程中涉及的信任关系的治理机制，为校企协作的治理拓展出全新的路径和方法。毕克斯等人把切入点放在校企协作产学研联合以后的持续性问题方面，极为详细地描述了产学研联合持续发展过程中所涉及的动力、选择、管理、利益、法制、风险和道德等机制。学者李廉水针对校企协作创新的利益分配机制以及发展过程所遇到的障碍进行研究，并由此提出了加强国内校企协作创业的五个渠道。李谢薇等人根据校企协作自身的特点，针对校企协作的动力机制的相关理论进行了深入探讨。景临英选择以心理学作为切入点来研究校企协作过程中的各种博弈。李炳英则是针对校企协作过程中涉及的基本要素进行了论述。而朱佳龙和李奎艳二人尝试重点分析了对校企协作绩效产生影响的几种因素及其评价模型，尤其提出了与高校和企业协作相关的一系列绩效因素。谢科范把国内外产学研发展的新趋势作为根基，对产学研融合之后所产生的共赢机制、资源集成机制和知识转移机制进行总结，并把这些作为基础经过论证后衍生出产学研结合后的四种现代模式，然后针对各种的模式逐一进行比较和分析。

从目前来看，国内外现有成果偏重于从协作方式层面来进行研究，对高职院校校企协作的法制保障机制、利益驱动机制、协同育人机制、监督保障机制等，缺乏有针对性的研究；偏重于从理论层面来进行研究，对破解校企协作动力性不足、稳定性不够、规约性不强等难题缺乏研究；偏重于从学校层面来进行研究，对充分发挥政府对高职教育的引导作用，充分调动行业企业办学的积极性，着力探索校企协同育人策略的研究成果仍显不足。

二、高职院校产学研协同育人的现状与策略

（一）高职院校产学研合作现状

目前来说，职业教育改革的新趋势是合作办学，众多的高职院校已经开始尝试校企合作和产学研合作，从而使得高职院校的办学质量得以提高，并带动职业教育的发展，对于这些方面的发展有着深远的意义。在这里面，所谓的产学研合作指的是把学习、科研和实践融为一体的教育模式，可以使学校教育与职业岗位、社会脱节等问题得以彻底解决。正是在产学研合作机制运转的大环境下，社会上的高职院校、科研机构可与相关的企业实现资源共享、互通有无，使资源得以更有效的利用，同时也为高职院校、科研机构以及整个社会赢得更多的收益。在高职院校采用产学研合作的模式不仅仅是一种机遇，更是一种挑战。对于产学研合作过程中出现的问题该如何解决、如何使产学研协同育人得到更好的发展，这些都是目前的高职院校迫切需要研究的重要课题。

1. 科研机构与企业合作动力不足

为了使产学研合作的需要得到满足，需尝试邀请一些高职院校、企业及科研机构来加入其中，然而由于高职院校进行人才培养的目标与企业及科研机构的需求是不一样的，以及对于产学研合作模式，来自企业和科研机构的认知有一定的偏差，使得企业与科研机构之间的合作没有充足的动力。单从企业的角度来说，企业最根本的还是追求利益，在整个投资、合

作过程中，想得更多的是短时间的利益❶。

与此同时，作为一项系统工程，产学研需要长期去进行。在产学研合作的过程中，企业需要投入资金和技术，却没有取得相应的回报。在产学研合作的过程中，企业也许会面临比如知识产权纠纷等各样问题，这也正是企业不愿参与产学研合作的其中一个原因。单从科研机构的角度来看，处于职业教育范围以外的科研资源市场没有在合作范围以内，只是科研机构和高职院校分别归属于不同的科研体系。由于依据不同的体系而进行的划分，就会使得众多行业内的精英很难进入到高职院校的科研工作当中，也就很难在资金方面获得充足的保证，进而使科研机构在产学研合作的过程中动力不是很充足。

2. 产学研合作形式单一

产学研合作在高职院校落地实践的过程中，主要形式为在特定的时间里引导学生到企业内部特定的岗位上进行实习，带领学生进驻到科研机构内部进行全面的参观学习，这样的合作形式比较单一、合作缺乏深度❷。一部分教师只是为了完成上级安排的任务才被动地选择跟一些科研机构签订有关课题研究的合同。还有一部分老师与科研机构进行合作的目的是为了个人评职称，一旦相应的科研项目完成后，项目所取得的科研成果就会被丢弃，也就无法得以充分的利用。一些教师在科研项目的选择上往往会重视那些"影响大、易获奖、易鉴定"的项目，因此取得的这些科研成果很难转化为科研机构和企业持续有效的推动力。

3. 产学研合作信息不畅

从目前的真实情况来看，高职院校不论是与企业还是科研机构都还没有构建起一个稳定的、长期的合作关系，它们中的大部分院校会选择把个别的教师或团队与企业和科研机构作为一种依靠来进行深层次的沟通，这就会促使高职院校、企业与科研机构之间进行信息共享的过程中受到很深远的影响。虽说地方政府一定都以积极的态度带动高职院校进行产学研合作，从而成为校企及科研机构之间进行互动交流的平台，只是因为对平台

---

❶ 解彦刚，蔡凤，何晓春. 高职院校产学研合作的探讨［J］. 科教文汇（下旬刊），2011（02）.

❷ 张颖，余莉. 高职产学研合作教育的演化博弈分析［J］. 现代商贸工业，2014（23）.

缺乏专人的管理、网页设计不是很合理等，由政府带动下建立起来的交流平台整体使用率不是很高，无法使学校、企业、科研机构之间的沟通障碍问题得到有效解决，对于高职院校高效开展产学研合作是不利的。

4. 产学研合作缺乏政策保障

虽然国家教育部等众多部门以及地方政府都正在努力推动高职院校所进行的产学研合作，同时也有众多的政策出台，只是这些文件以指导文件居多，在文件中为了进一步说明产学研合作的必要性，也没有对各方当负的责任进行明确。同时，我国知识产权保护法等法律制度不完善，与产学研合作有关的激励制度也不健全，给予合作企业与科研机构的优惠政策落实不到位，高职院校产学研合作政策环境有待优化。

（二）高职院校产学研协同育人策略

1. 完善生产与其他工作的激励机制

以生产作为基本性质的实习主要是借助于工学结合的人才培养模式作为依托，透过落地的实践教学来完成对于学生的专业思想与知识所开展的综合检验，引导学生通过生产实习来对其分析问题和解决问题的能力进行培养，来促成实习和就业之间的高效融合。产学研所进行的深层次的合作与不同利益主体的支持是息息相关的，如作为地方政府，应该在顶层设计方面有所加强。构建起一个与生产相互关联的合作方式，使得科研机构可以成为其中的一员；从合作的项目来看，应当尽最大可能去保障企业和科研机构的利益，使得产学研的合作可以顺畅地往前推动。学校可以把构建工作项目小组放在考虑的范畴内，学校要努力做好人才培养制度、招生管理以及专业工作的落实和反馈。

再者，为了使企业和科研机构更积极地参与到产学研合作过程中，政府要积极进行宣传。不仅通过电视、广播等传统媒体进行宣传，还可以通过微博、微信公众号等新兴的媒体来推广产学研合作，同时发动社会的力量来开展捐资助学活动，使得越来越多的企业和科研机构真实体会到产学研合作的意义，来吸引更多的社会组织参与其中。作为地方政府，对于高职院校的财政拨款应持续加大，使得学校有着充足的教育经费来维持产学研合作的持续运转。作为地方政府，可尝试对于有关科研项目的推广计划进行进一步的确认。不断加大对于产学研合作科研项目的扶持力度，建议更多的企业加入到产学研合作的过程中。

与此同时，针对合作理念，高职院校需要做一定的转变。在产学研合作运转过程中，高职院校应当依靠自身比较有优势的专业来实现与财力雄厚的企业和科研机构之间的合作，在这个过程中还要引导教师在参与产学研合作过程中转变原有的观念，从单单看重个人的职称一步步转变为看重企业和科研机构自身的需求。在产学研合作的进程中，高职院校还应当努力尝试与前景比较好的中小企业建立合作关系，并通过工艺优化和技术咨询等方面来服务这些企业。

比如，身为企业方，可以把校企合作的协议作为凭据，而把设定的专业需求和产业需求作为双方进行对接的标准依据。促使整个教学过程和生产过程实现无缝对接，彰显出现今这个时期所特有的专业教学内容、教学标准和岗位技能等特点，表现出产与教之间深层次的结合，从而强化学生的个人技能和社会责任感，使得学生具备很好的适应社会的能力。

2. 探索多样化的合作形式

单单通过参观学习和顶岗实习的方式来开展产学研合作，还很难实现企业、高职院校与科研机构协同教育人的目的。所以，高职院校应当根据产学研合作的最新发展趋势开展积极的探索。高职院校可尝试与社会上的一些企业和科研机构一起搭建起专业性的实训基地，以便和第三方合力取得高科技成果。在整个建设时期，场地方面主要由高职院校来提供、合作相关的技术和资金由企业来提供、具体的项目与技术由科研机构来提供，把实训基地改造为一个集中了技术开发、专业实训、技能鉴定等功能的实训中心。

另外，高职院校可以尝试跟企业和科研机构共同签订战略性合作协议，构建起职教集团，通过市场运作来奠定思路，通过探索的方式来建设出一个把资产作为桥梁、构建"利益链"作为重点的集团产学研共同体，并通过这些来推动"产业链"和"教学链"之间的深度结合，从而不断推动合作育人和技术服务。

3. 健全产学研合作信息交流平台

为了促使高职院校、企业和科研机构之间实现互相连通、共同成长的关系，使得与产学研相关的协同育人工作得以更好地开展，作为地方政府，应当与信息部等部门联合起来进行交流和学习的信息平台。企业和高职院校可尝试通过信息平台来搜寻技术、项目、人才等方面信息，高职院校可通过平台上提供的信息来对学校在人才、技术方面的优势进行全面的分析，带着特定的目标和方向来推动教育教学改革的发展，适时地对于人才培养方向进行调整。工学结合的过程中主要的推动平台是信息交流平台，也就促使现代学徒体制下的创新管理模式得以真正确立。从真实情况来看，只有通过专业的设计和产业的需求来完成深层次的对接，而职业教育也就成为一种"终身教育"，人才培养的保障要以生产过程作为基础，从而确立多元化的主体评价体系。

4. 完善产学研协同育人政策

第一，地方的立法机关及相应的政策应当针对产学研合作过程中设计的法律法规进行完善，要把针对高职院校产学研合作现状与需求层面上所做的调查研究作为基础，对于这三方进行合作过程中很有可能出现的纠纷和法律问题全面的了解，针对现有的政策制度和法律制度中的不足之处进行深入的分析，经过多方的论证为基础来完成对现有法律制度的补充和细化。比如，针对知识产权的归属，应当在制度范围内针对产学研取得的合作成果的产权归属给予明确的界定，与此同时，对于无提前约定状况下共同获取的专利进行详细的明确。第二，对于企业和科研机构，政府应当在它们的财政政策方面不断加大扶持力度，使得财税的杠杆作用得以充分的发挥，针对那些积极参加产学研深层面合作的企业和科研机构要给予相应的政策优惠和财税补贴。

作为一种全新的教育模式——产学研，可以很好地发挥出高职院校、科研机构本身所带有的各种优点，同时也能补充传统教育中的缺点和不足之处，对于教学中实行理论与实践的结合很有帮助。为了对产学研模式进行推广，地方政府要凸显出自身的职能作用，使得产学研合作激励机制与政策进一步完善，高职院校也可以尝试进行多元化的合作，需要三方来共同承担风险与收益，进而使人才培养的质量得到提高，最终实现共赢。

第三节　高职学生人文素质教育存在的问题及解决路径

只有对当代高职学生人文素质教育的状况有着全面的把控，才能更精准的依据各样现状找出高职人文素质教育的有效通道。本节主要论述的是高职学生人文素质教育的现状，笔者在全省111所的高职院校中做了一个抽样调查，并对高职学生人文素质教育的现状进行了深入分析，有针对性地提出了加强高职院校人文素质教育的途径。

一、高职院校人文素质教育概述

（一）人文素质教育的内涵

人文教育隶属于基础教育，主要是指通过学习人文知识和培养人文修养，逐步引导学生构建起一个有着众多角度的创新性思维、极为广阔的事业、完全的人格特质、坚定的责任感、高深的人文情怀，使得学生一步步成长为综合型人才。因此，人文素质本身可以使学生的内在境界得以提升、审美情绪得以完善、道德情操日渐高尚。

（二）高职教育的内涵

所谓的高职教育，指的是培养出具备高级职业技术人才的一种高等教育。为了更好地贴合社会的发展需求，针对社会上的服务、生产、建设、制造等行业，大力培养出具备知识、素质结构等人才。刚毕业的大学生的特点是：具备一定的基础理论知识、极强的技术应用能力、宽广的知识面等特征。也就意味着，进行高职教育的目标不单单是为了培养学生必要的专业知识与适应和实践能力，最为重要的是对于综合人才的培养，进而提升教育教学的意义。当前大多数的高职院校在经济发展的大背景下开始大规模扩建校园、补招学生、引进师资，也开始更注重人才技能的培养和素质的提升。

(三) 人文素质教育在高职教育中的作用

1. 促进学生的和谐发展

目前这个时期，来自国内的大部分高职教育都显露出对技能的看重，但对人文教育轻看的问题。随着社会的一步步发展，所谓的高职技能型人才却有着越来越多的问题暴露出来，虽说他们是有着精湛技能的人才，但自身的发展仍然与企业未来的发展存在一定的差距。高职教育的一项重大课题是学生人文素质的提高：怎样使学生的精神文化得以提升、陶冶学生个人的情操，怎样处理人际关系的培养、树立高尚的信念；怎样使得学生在学校期间就拥有一定的专业技能、良好的文化沉淀、健全的人格，使得人与人之间的和睦相处的能力得到提升。

2. 有助于培养学生的非智力因素

心理学的相关理论显示，当人正处于成长与发展阶段时，与智力因素相比，非智力因素往往发挥着更显著的作用，更准确来说是起着决定性和主导性的作用。也就意味着，在成长过程中，人要想塑造出健全的人格，主要受到非智力因素的影响，如教育程度、周围环境等。在进行高职教育的过程中，要想使学生通过一定的培养使其拥有优良的人文素养和全备的人格，就一定要在非智力因素方面做足功课。对于学生进行培养的时候，不能单单只为了学生的就业率，就选择看重针对学生知识技能的教育，而针对学生的兴趣、情感、意志等精神世界的教育却没得到足够的重视。高职教育的整个过程需要人文素质教育的参与，对于学生的性格、品行、诚信等方面进行全方位的培养。

3. 促进学生确立科学价值观

我国哲学家冯友兰针对人生境界的层次曾给予详尽的分类：自然、道德、天地。目前大部分的高职学生只是停留在最初级的自然境界，还没有构建出一个崇高的理想作为个人持续成长的动力源泉，所以针对高职学生所进行的人文素质教育，不但可以促使学生找到属于个人的真正的人生价值，而且还可以进一步端正个人的态度，妥善处理各种利益关系。

二、高职学生人文素质教育的现状

（一）高职学生人文素质教育取得的成就

当前，国内众多高校针对学生所进行的人文素质教育越发的重视，尝试把人文素质教育理念应用到教学课堂，之后就需要设置相应的人文课程使学生的人文素质得以提升，把职业技能教育和素质教育巧妙地融合在一起，把做事和做人完整统一起来。比如，"重技善学、恒信自强"是石家庄信息工程职业学院的校训。校训当中的"恒信"主要是指不论做事还是做人一定要坚持到底，看重信誉。而"鹰一样的个人，雁一样的团队"是该学院的院风，院风当中的"雁"寓意着一个有着极强凝聚力的团队，是指学校里所培养的学生应当具有团结协作的人文精神。在教育的漫漫历程中，高职院校要想使自己的位置更加稳固，就要不断完善自身的办学特色，加强对于职业技能的培养，同时还要设计出相对优质且清晰的教育方针，使得更多的学生一步步成为社会乃至国家的栋梁之才。

高职教育，不是所谓的单一的技能培养，一定要与整个社会的大环境结合起来，当学生处于实训阶段时，要努力使学生的适应能力、创新精神与人之间的沟通能力等得以提升。引导学生的人文素质与专业技能完成深层次的融合，从而形成一个相对完善的教育理念。除了这些，还要尝试全方位提升高职学生的人文素质。

（二）高职学生人文素质教育存在的问题

1. 人文素质教育课程设置不合理

目前来说，绝大多数高职院校在人文课程教育方面尚处在一个刚起步时期，还没有一个完善的教育体系，而且在整个院校的教育中尚处于一个辅助性的位置上。主要的表现有：（1）特别缺乏在宏观层面上对于整个课程体系的设计进行调控。对于校内已经开设课程的学校还没有做系统、全面的编排，大部分的课程是依照教师手里的资料来编排的，通过老师的类型来设定相应的课程，或者是依据课时的安排来对人文课程进行设定等。

说到人文教育课程，它并非是独立出来的教学体系，而学生从教师那里获取人文教育是极为混乱的，一部分的院校会选择把一些相对紧凑的课程设定在学生临近毕业的时候进行学习。这就使学生们的学习压力增大，而学习的质量却降低了。因此，所谓的人文素质教育课程，一定要建立一个与专业技能课程一样的体系，并对于整体进行规划。(2) 整个课程的学时比较少，内容方面比较单调。有一部分院校的人文课程虽然开设得很早，但这些课程常常还只是选修课，缺乏制定的教材，没有特定的教学内容，对学生的要求也偏低，甚至个别的学校会选择减少人文课的课时来为学生减负，进而使必修课的专业技能得以提升。比如，由某职业技术学院所设置的"家具设计与制造"课程的教学计划，"两课"所占的学时仅为6%，而其他的人文课程还没有具体安排。(3) 课程自身缺乏系统的评价机制。目前，国内很多学校的人文素质课程有待进一步完善，用来评估学生人文综合素质的评价标准时常要透过专业技能课程来完成相应的评价，然而这样的评价往往是不够完善，有失偏颇的。

2. 人文素质教育评价体系不完善

想要进行优良的人文素质教育，不应当单单局限于课堂之上，还应当尝试与不断发展的时代相结合的人文方式。参照学生个人的生活方式、性格特征、工作能力等，通过使用全方位的人文思维和实践精神来对学生进行评价，使得学生针对人文素质的学习足够重视，也使以评促学、以评促改的教学目的得以真正实现。打破了传统的教育模式，不再是单单把唯一的标准设定为考试成绩，毕竟所谓的人文教育和技能教育之间的差异还是挺大的。

3. 教师的人文素质教育能力不强

依照相关的问卷调查来看，觉得在高职院校设置人文教育课程是很有必要的教师占比为93.8%。而这里的问题在于，其中一个方面的问题是有关专业课教师的素质问题。调查的过程中，有26.5%的教师认为，"在进行专业课教学的过程中加入有关诚信、敬业、创业、责任等有关人文素质方面的教育"是有一定的困难和难度的。对于大多数的教师和学生来说，还没有一个精准的理解和相对系统的教育教学计划。从另一方面来看，在高职院校里面，对于教授课程的老师来说，缺乏一个可以鼓励他们开展人文教育的激励措施。透过之前的一系列访谈可以看出，当下很多高职院校认为开展专业化的教育才是教师的主要工作，而把主要目的是为了使得有关提高人文素质教育的活动被视为时间和精力上的浪费，所以人文教育也就时常被忽视。

4. 学生人文素质教育有待提高

调查的数据显示，来自高职院校学生的人文素质需要进一步提高。因着高职学院内比较短的学制，学生的来源也是参差不齐，因此针对学生不同方面的素质都需要进一步提高。尤其是对于招生地区方面所做的限制，而这种现象日益普遍，不利于开展人文教育。在对"您认为本校学生的人文素质状况如何"的问题进行回答时，5.1%的教师认为学生有着姣好的人文素质，55.6%的教师认为学生的人文素质还可以，39.3%的教师认为学生的人文素质不太好，甚至是差的。在进行问卷调查过程中，大多数的教师和学生认为自己所在的学校中，有着比较严重的作弊现象和作业抄袭现象。问卷调查结果还显示，学生比较缺乏对基本文史知识的了解。调查的过程中有1/3的学生很难精准说明古代儒学经典的"四书五经"中的"四书"主要包含哪些著作，另外仍有24.9%的学生不能准确回答出世界四大文明古国有哪些，还有36.3%的学生竟然不晓得近代史上第一个不平等条约是《南京条约》。

5. 高职院校人文素质教育无法满足学生需求

与人们心中所想的一般性判断完全相反的是，调查中觉得有必要和很有必要"在高等职业院校开设人文教育类课程"的学生有89.9%。这个数据说明高职学生并不是对于人文教育缺乏兴趣，反而有着很高的期待。这些就跟高职院校进行人文教育的力度不够，而且还没有特别的针对性形成了很明显的反差。一系列的调查显示，有44.6%的教师和45.3%的学生觉得，学校中所开设的人文课程比例不足以覆盖到学生们。这里面，在认为人文教育课程所占的比重不足与严重不足的学生中，40.1%是一年级的学生，49%是二年级的学生，50.6%是三年级学生，这三个不同的数据，一方面说明，伴随着年级的不断加增，学生有着越来越丰富的生活经验，越来越强烈地意识到人文课程的重要性；另一个方面也可以看出，随着年级的增加，所学的专业课也在不断增多，只是学校里开展人文教育的比重处于不断减少的趋势，当前的高职院校中所开展的与人文教育相关的教学内容和教学方法难以满足学生的需求。通过问卷调查可以看出，针对学校里所开设的人文课程相关的教学内容，对于这些表达出不满或极为不满的教师有51.6%和学生有50.6%。

单单从学生的层面来看话，针对人文教育课程，二年级和三年级学生的综合满意度要低于一年级的学生，三者之间存在很明显的差异性。对于学校中所开设的人文课程的教学方式不太满意或极为不满的学生占比为52.5%。其中，对于专业为社科类的学生，其不满意率更是高达54.5%，而这个数据相比较于理工类专业的学生来说，有着很明显的差异，身处于各个年级的学生针对与学校所开设的人文教育相关的教学方式的满意程度的差异还是极为明显的，而二年级和三年级学生的不满意率普遍要高于一年级学生。

6. 高职院校人文素质教育缺少职业特点

一些高职院校会对普通高校针对人文教育的做法进行盲目的效仿，还会参考普通高校的思维来对人文教育相关的课程和活动进行安排，不单单会使得开展人文教育和专业教学之间在时间方面产生一些冲突和矛盾，而且针对人文教育具体的内容来说，已经完全远离了高职学生自身的接受能力和知识起点，也就无法受到学生们的肯定和欢迎，最终的效果也不好。尤其是对于很多学校来说，不能有效根据学生实际的专业能力和未来从事工作岗位来开展有针对性的人文教育，致使职业意识和职业道德严重缺失。

认为教师在教授专业课的过程中没有时常针对学生开展诚信、责任、创业、敬业等方面的人文素质教育的学生占比为73.1%；学生中有83.5%的学生反馈，学校没有针对学生开展与未来职业有所关联的法律法规教育。由于针对如何开展职业人文教育没有系统、全面的认识、规划，也缺乏健全的指导，所以就使得高职院校中的很多社团活动和课外活动没有很好地呈现出人文教育的文化氛围。而高职院校中的社团活动与普通大学中的社团活动相比，几乎完全一样，体现不出职业本身独具的特色。在日常的活动中，学生还是把文体活动作为主体，难以真正展现出高职院校所独有的职业特色。

三、高职学生人文素质教育问题的成因

(一) 外部因素

1. 重视科技忽视人文的大环境

进入21世纪,来到了一个科技信息化的新时代,随着经济和科学的不断发展,衍生出各样的高新技能职业,而我们在进行经济建设的时候也会碰到高新技术人才缺乏问题,甚至还会有一些省市开出十多万的薪资都没能请到一个合适的钳工,在这个大背景下,真正意义上的高职教育才应运而生。高职教育虽然输送了大批量的技能型人才,但是高职教育对于高级技能型人才的理解还是有所偏差。随着高职教育在技能课程培训方面的快速发展,却把人文教育给忽略了,使得培养出来的学生只能是一个有着高技能却是一个工具类型的人才,而没有与之相匹配的人文素质。

2. 缺乏涉及人文素质教育的政策

作为一个高职院校,它内部的办学目标和设计的课程时常是把来自各个级别的教育行政主管部门的政策来作为前行的指导。只是从教育部之前所颁布的《普通高等学校基本办学条件指标(试行)》和《高等职业学校设置标准(暂行)》来看,针对高职院校的基本办学条件,只是比较看重师生的比率、生均图书量、生均教学用房面积、高级职称教师的比率等指标,却完全没有涉及人文素质教育;还有一部分在高职院校里就读的学生的家长把学习的终极目标设定为就业,就觉得学习人文类知识不能为就业提供实际性的帮助。因此他们会尝试带领学生去参与一些技能的培训学习中,帮助孩子学习更多的技能。正是因着家长如此的就业导向,对孩子也会产生影响,使得对于人文知识的学习不再给予重视。

(二) 内部因素

1. 对人文素质教育缺乏全面认识

高职院校通常会把培养技能型和实用型的专业人才作为发展的目标,为了使这个目标得以实现,会尝试在设计课程和培养计划方面更偏向于对于个别固定的专业技能的培训和学习,有关人文素质教育的课程在所有课

程中的占比越来越少。高职院校对于办学理念的实操思想尤为看重，表现出的是特别显明的功利性，却往往忽视了针对学生综合能力所进行的培养。由于针对人文素质教育本身的关键性和必要性没有一个充分的认识，也就很难对该课程产生足够的重视。

2. 可利用的教育资源相对缺乏

现今这个时期，高职教育可利用的相关资源还比较缺乏，因此也就难以在人文素质教育方面给予强有力的扶持。来自高职院校的各类藏书中，很大一部分都是与实用技能相关的书籍，而与人文素质教育相关的书籍却少得可怜。由于受到办学规模和办学实力的限制，高职院校没有像本科那样设置文学、哲学、历史等课程，只是象征性开设了有关思想政治理论的课程，还没有形成系统、全面的人文素质教育课程。与此同时，高职院校内部举办的有关人文类的知识讲座也不是很多，使得院校内部缺乏学习人文知识的浓厚氛围。再有就是引进人文素质教育教师的力度还有待加强。

四、深化高职学生人文素质教育的途径

当前，国内的高职院校人文教育遇到很多困难，细究其内部的主要原因在于：人文教育的培养目标不够明确，缺乏职业特色，高等教育普及的过程中丧失了对文化品格的追求等等。高职院校的人文教育有其特定的内容、功能和原则，因此高职院校既要寻求在办学理念和课程设计方面进行创新，还要对于开展职业人文教育方面的方法和途径进行探索，带动国内高职院校的人文教育走一条创新的道路。

（一）确定科学教育与人文教育相融合的办学理念

所谓的办学理念，是学校谋求发展的核心和根本。高职院校要想在职业人文教育方面有所加强，就一定要坚定不移地走全面发展的教育理念，把功利主义价值观彻底抛弃，转变之前认为职业教育只是所谓的"技术教育"的偏见和把"工具人"的培养作为最终的目标，使其对于人文教育的重要性有着充分的认识，使得人文教育和科学教育相结合的办学理念得以确定。在办学理念之中，科学教育要想很好的融合人文教育，最为关键的是要寻求做人与做事的完美融合，从而培养出具备高素质的技能型人才。

围绕教育所开展的全面发展才是高职院校发展过程中的指导思想，应当尽可能避免短时间内急功近利的行为，帮助学生在长大成人的过程中得以发展为人才，尝试把"做人"和"就业"进行融合，大力倡导职业人文教育，唯有如此，才能拓展出一条极为宽阔的发展道路。

（二）围绕职业人文素质展开教学内容与方法的改革

在高职院校当中，专业教学是进行人才培养的基础所在，课程才是进行各类教育活动的关键所在，使得教育自身的功能和特征得以完全彰显。为了不断加强高职院校职业人文教育，重新把培养健全人格的课程理念进行建设，而把诸如诚信、敬业、责任、创业、合作等职业人文素质看作是一个基础，对于课程的整合进一步加强，透过职业价值观、职业指导、职业道德、职业核心能力等方面来对人文课程建设进行加强，尤其看重在进行专业教育过程中将人文教育渗透其中。除这些以外，在对于学生素质进行内化的过程中，应对于校园文化和实训基地相关的环境建设加以重视。针对人文教育学体系所进行的构建属于一个系统性工程，不但要把专门的学科建设作为依靠，而且还需要通过来自各方的力量来同步开展，使得文化素质融入专业教育的整个过程。

作为高职院校中的人文教育，主要是为了帮助学生在平时的学习和生活中内化所学知识和经验的过程，进而构建出一个属于个人的知识体系，并具备着进行持续发展的能力。因此，要针对现有人文课程教学进行改革。为了引导学生更好地把人文知识转化为人文素质，需在日常的教学活动中确定学生的主导位置，使得学生的主观能动性得以完整的发挥，一步步引导他们把人文知识转化为内在的人文素质。

职业教育中的关键性环节是实践，在实施人文教育的过程中对其产生深远的影响。所以，一部分的专业实践课程同时也是进行职业人文教育最好的场所。一部分的高职院校在针对人文教育中的"产学研结合"模式进行探索的过程中积累了丰富的经验，比如课堂教学与实训教学相结合的"双中心"模式"学工交替"模式和"生活体验"模式等等，值得进行总结和广泛的推广。

（三）丰富教学形式，加强课程体系建设

对于大学生的思想素质、政治素质、道德素质及心理素质进行培养的

主要是高校的思想政治理论课。为了使思想政治理论课充分发挥其主导的作用，一定要切实加强对于思想政治理论课的建设。首先，要完善大学生思想政治教育的组织机构。其次，要规范思想政治理论课的教育教学制度。高职院校要制定一系列文件，规范思想政治理论课的教育教学，针对于思想政治理论课所涉及的目标任务、办学条件、课程设置、教学条件、社会保障等方面来加强建设。通过多样化的教学形式来开展思想政治理论，针对寓教于乐的教学模式进行深入的探索，不断地与社会发展的现实情况相结合，根据高职院校内部学生日常的行为特征，尝试使用互动式教学、实践教学或多媒体教学，使得思想政治理论自身所特有的灵活性、实效性和针对性得以持续增强。

深层次挖掘人文素质教育相关的模式，通过积极的方式来设置人文社科必修课、选修课和专题讲座。在《中共中央国务院关于深化教育改革，全面推进素质教育的决定》中有特别的提出："高等学校应当要求学生选修包括艺术在内的有着一定课时的人文学科。"所以，高职院校对于学生在人文社会科学方面进行拓宽，在传授知识的过程中融入素质教育，就一定要努力针对学生人文素质教育模式进行深入探索，主动去开发与人文社科相关的各种必修课、选修课和专题讲座。在整个大学阶段，高职院校的人文社科课程应当贯穿始终，而且还依据年级有所不同的学生的心理特点，来设置相关的课程。比如，针对刚进入学校的一年级新生来说，可以尝试开设大学语文、人才学、实用语文、演讲与口才、大学生心理健康教育、社会心理学、人际关系学，还有音乐鉴赏和文艺鉴赏等，主要为了使大学生早日适应大学的学习和生活，完成人生角色的转换；对于二年级的学生来说，已差不多适应了大学里的生活，依照他们针对思想深度和知识广度的需求，来设置人生哲学、书法艺术、伦理学、社会学、管理学、科技史学、中国文化概论、公共关系学、大学美育书法艺术、摄影技巧及影视鉴赏等选修课；等到了三年级，学生们有了一定的知识储备，将要面对毕业、就业和择业的试炼，可开设的学科有：大学生择业指导、广告学、市场营销学、企业文化、商务谈判技巧、人力资源管理学、知识产权学等各样的选修课。这个时期，可以根据年级的不同在每个学期内开展一个与人文社科相关的系列专题讲座，如大学生个人与成才、高职人才定位与人生设计、人际关系与公关技巧、全球化与当下的中国、高职人才定位与人生设计等,帮助学生通过各种活动来进一步理解人文精神。

(四) 构建高职学生人文素质教育评价系统

要想使高职院校人文素质评价体系得以系统、全面的构建,就一定要与高职院校的实际情况相结合,做好以下三方面工作。

(1) 建设一个与高职院校人文素质相关的评价系统,针对院校内部学生的人文素质来制订出对应的教育计划,落地践行教育相关的工作,并要在全方面考核的同时,还要了解人文素质教育的推广状况,提出与改革相关的建议,进而引导人文素质教育不断发展和优化。

(2) 汇总出与学生人文素质测评相关的内容,主要内容包含心理健康测评、德育测评、创业能力测评、职业技术测评、智育测评、组织活动测评等相关内容。对于高职学生所进行的人文素质教育,旨在全面改善学生的行为方式、综合修养、学习态度、能力和知识。

(3) 针对人文素质的测评方法。对于学生的人文素质进行测评时,把定性分析与定量分析相融合,首先是把人文素质划分为六个相应的内容,把指标具体化、细致化,依据学生的日常表现由考评人员进行科学的打分,最后累计起来的总分正是学生在人文素质方面的最终分数。

1. 所有测评指标占据的具体比例

其中的心理健康测评占比为10%、组织活动测评占比为15%、创业能力测评占比为20%、职业技能测评占比为15%、德育测评占比为20%、智育测评占比为20%。

2. 计算测评总分所使用的方法

德育测评获得的分数×20%+智育测评获得的分数×15%+经过组织活动测评的得分×20%+职业技能测评获取的分数×15%+创新评测获取的分数×20%+人际心理健康评测获取的分数×10%=最终的总分。

与此同时,为了更好地发挥出考评本身的效果,也为了让学生引起足够的重视,可自行设置相应的奖惩机制,如按照规定实践完成相应的考核而且最终是合格的,就可以给予相应的合格证书;如果在规定的时间范围内没有完成相应的考核,就会受到一定的处罚;如果经过考核的最终成绩是优秀,就可以考虑给予一定的奖励,在毕业后就业的过程中就会得到一些优先权利。正是凭着这种相当全备的奖惩制度,才使得高职院校的人文教育效果得以显著提升。

（五）全面提高教师的人文素养

教师，在学校所开展的教学活动中往往起着主导性作用，所以教师自身的人文素养会对学校整体的人文素质教育的质量与水平起着关键性的作用。首先，高职院校要持续加强针对文科教师的建设，他们承担着人文素质教育的教导，只有不断壮大文科教师的队伍，才能真正带动人文素质向前发展。其次，教授专业课的教师一定要跟随时代的发展趋势，对于教育理论持续进行优化，使得个人的人文综合素养得以全方位的发展。教师在授课的时候，要在课程中融入人文教育，使得学生不但可以掌握专业性知识，而且还可以使思想文化素养得以提升。最后，学校中的文科教师和专业课教师要齐心协力，一起肩负起为学生进行人文素质教育的责任，践行教书育人，带动学生实现全面的发展。

与此同时，除了要不断招聘文科教师以外，高职院校还需要为授课老师提供一些与能力提升相关的培训。透过各样的培训学习，来进一步加强对人文素质教育的认识，从而更深入地理解培养人才的目标，进而深入地吸收有关人文教育的教学手段和教学方法。

（六）构建具有职业人文特色的校园文化

人文素质和人文知识不论是在个体发展过程中，还是整个社会的发展过程中都发挥着关键性作用。把高职院校的培养目标和学生自身的特征结合起来，依照专业的不同，培养学生与之相适应的职业素养和关键能力，使得学生对于未来将要从事的职业激发出更多的热情以及勇于开拓的精神，也为高职院校建设校园文化开辟新道路。

针对职业教育和专业教育来说，在传授知识和技能培训方面还是不一样的，它会引导学生把掌握的职业人文知识慢慢地内化为自身的素质和修养，使得学生慢慢成长为有着高尚人文精神和高品位思想素养的人。积极地组织健康有益、丰富多彩、生动雅致的校园文化活动，同时也营造出一种积极向上、生动活泼、颇具校园文化特色的文化氛围。针对一些企业和行业所进行的社会实践活动，以及展现出职业人文特色的社团活动，不但对于调动学生的主动性和积极性很有帮助，而且也会对学生科技人文综合素质的培养、促进学生创新能力养成和人文精神的培养都发挥着重要的作用。

所谓的大学校园文化,是由高校的教师和学生一起创造出的精神财富。人文校园文化的浓厚氛围,对于塑造大学生的个人人生观、价值观,还有美好人格的形成、高尚情操的陶冶发挥着极其重要的的作用。正处于创造高峰期的大学生,有着充沛的精力和活跃的思维,以及旺盛的生命力,很有青春活力。所以,要努力为学生营造出有着浓厚人文关怀的环境,为他们提供一个施展自己聪明才智的平台。

第三章 汉语言文学教育的现状及问题

本章将从汉语言文学教育的育人职责、高职学生汉语言文学教育的现状分析、高职学生汉语言文学教育的优化途径这三方面入手，对汉语言文学教育的现状及问题进行深入分析。

第一节 汉语言文学教育的育人职责

随着"一带一路"战略的有序推进，中国文化在国际上的影响力日益突出，而汉语作为中国文化之代表，自然也获得了更多的发展机遇。在这一时期，汉语言文学专业的发展也展现出时代性与必要性。而要推行汉语言文学的专业教育，首先要明确该专业教育的基本育人职责。本节将从培养学生的实践应用能力、发展学生的创新能力、提升学生的人文素养这三方面入手，对汉语言文学教育的育人职责进行展开探讨。

一、培养学生的实践应用能力

随着新时代的到来，社会的发展越来越需要应用型人才，这与文化领域的飞速发展也息息相关。自 20 世纪以来，西方文化源源不断地涌入我国，这对我国传统文化产生了不小的冲击，并在一定程度上导致汉语传承的断层，且目前已经展现出汉语言文学应用水平较差等问题。因此，从文化传承方面进行解读，当前现代文化的发展最需要的就是汉语言文学专业的应用型人才。因此，培养学生的实践应用能力，成为汉语言文学专业育人的重要职责。在进行人才培养的过程中，需要对汉语言文学专业为引导的应用型人才培养需要适应全球化发展下文化创新、文化产业优化整合等。以汉语言文学专业为代表的传统大学文化课程如何从教学改革的基本思路中提高满足文化传统、创新发展所需应用型人才的培养水平，对于汉语言文学专业的教学有着很高的要求。其本质原因是文化融合在文化产业创新的前提下对汉语言文学专业应用型人才产生的较大需求。

（一）汉语言文学专业应用型人才培养的教学改革思路

汉语言文学专业应用型人才的培养主要应从教学改革方面入手。在进行教学改革的过程中，首先要确立明确的教学目标，在此基础上，有序推进课程改革、授课方式改革和教学活动改革三个方向。首先是在现阶段对汉语言文学专业课程的改革。汉语言文学的课程改革要紧密结合汉语言学的应用进行课程的划分和排期。其中汉语言文学的创新要在课程设计的理论下进行课程教学实践的推广。充分结合课程改革的教学实践，是汉语言文学专业应用型人才培养的主要途径和方法。结合了课程改革、授课方式改革以及教学活动改革三个教学子结构的教学改革，在当前的汉语言文学专业应用型人才培养的主要思路中有着重要的探索意义，其研究的意义体现在三个教学子结构的应用型人才培养教学改革思路与课程。

就目前我国各类高职中的汉语言文学专业课程设置而言，通常存在以下几方面问题：一是课程设置过于强调泛理论化。例如，现代汉语与古代汉语这两门课作为汉语言文学专业的重要教学内容，其在培养应用型人才方面并未发挥有效的作用。学生仅能了解教材上教授的知识，却缺乏将知识运用到生活、工作当中的能力。很多汉语言文学专业的学习对于古汉语并没有充分的掌握，产生这种问题的原因在于汉语言文学专业课程的设计脱离了汉语言文学专业应用的需求，尤其是在当前社会文化偏向西方文明的时代下，对于汉语言文学的创造力都有着非常高的要求，应用形式的课程在很大程度上是作为汉语言文学专业应用型人才培养的前提存在的，只有在有效将课程的质量作为汉语言文学专业课程改革的基础上，才能稳步实现汉语言文学课程的创新和改革。汉语言文学在结合了古代汉语文学、近代汉语文学、现代汉语文学的课程教学方式下，只有在突出教学重点、课程重点的前提下对课程的改革进行研究，是符合汉语言文学专业应用型人才培养要求的。而整体的教学改革方面要结合教学的结构进行深入的汉语言文学专业应用型人才培养思路研究。

（二）推进汉语言文学专业的就业改革思路

汉语言文学专业的发展有助于推动中国传统文化的广泛传播，这有利于新时期中国文化在国际上的推广，更对当代汉语言文学专业的发展起到了不可忽视的作用。

所以，就汉语言文学专业学生的就业改革而言，首先我们应当充分地总结出当前汉语言文学专业应用型人才培养的需求，以汉语言文学专业就业方向表现的不同形式作为认识汉语言文学与现代文化体系的基本关系的依据。这种关系便是汉语言文学与现代文化体系都是在应用汉语言文学的重要理论的基础上得以成型的。作为人类历史上唯一没有出现断层的文化体系，中国文化的精髓在于汉语言文学，汉语言文学的学习是教育改革持续研究的主要方向。只有在明确汉语言文学专业的设置概念基础上，充分认识到汉语言文学专业的学习者所承受的并非是自身对于大学文凭的获取，而更多的是承担着专业的汉语言文学复苏。当前汉语言文学在创作中普遍缺乏内涵和美学的问题，这一点需要引起广大学者的高度重视。文化的传承是民族生存的根本，作为中华文学核心的汉语言文学所承担的是中华文明的体系传承，因此在汉语言文学教育理论的发展中始终强调对文学的创新。在文学本身的含义中便包含了民族精神内涵和社会问题等多种现实因素，脱离了现实因素的文学创作等同于直接失去了文化价值体系的传承。

二、发展学生的创新能力

随着我国经济的快速发展，人们对经济利益的追求已经对社会的各方各面产生了深刻的影响。因此，各个学科都将发展的重点放在提升学科创新创造能力方面。而汉语言文学作为一门理论性较强的学科，越来越受到社会和考生的冷落。作为世界通用语言的英语，不断地充斥着我们的生活，越来越多的人将越来越多的时间与精力投入英语的学习当中，对于汉语言文学的学习则抛到脑后。各大中小企业招聘人才时也都严格要求英语的级别，而对汉语水平不予考虑，这也是人们忽视汉语言文学的重要原因之一。

我国是四大文明古国之一，有着悠久的历史与文化，这些正是我国面临全球化时自身所具备的无与伦比的特点,也正是我国立于世界之林的立足点,而这悠久的历史与文化,是无法与汉语言文学分开的。全球化不仅没有给汉语言文学衰退的理由,反而为汉语言文学的发展提供了更加广阔的舞台,为汉语言文学的发展赋予了更加艰巨的使命。语言文学需要随着社会的发展不断创新,汉语言文学人才的培养需以创新为中心去进行全面的改革与完善。创新不仅是全球化对汉语言文学人才的要求,更是全球化给予的新的思路。对于汉语言文学人才培养而言,创新,不仅是人才素质的需求,更是民族精神的体现。

汉语言文学专业要想在新时期得到更高的发展,就必须拥有踏实、专业的人才来作为支撑。而在当今社会,要推动该专业的进一步发展,就不能离开对创新型人才的培养。尤其在国际文化交流日益密切的今天,汉语言文学专业也应当站在国际角度,重新审视自身,并致力于中国文化的全球化传播。

(一)汉语言文学创新思维的培养

意识是实践的前提,思维是实践的筹划。仅仅有创新意识这一前提是不够的,还需要培养创新性思维。思维是一个组织排列的过程,创新思维更是具有很强的独特性与新颖性。创新性思维是流畅的思维,可以在短时间内产生大量的联想与设想,不仅可以将不同的问题联系起来,还可以将同一个问题分解出不同的思路,十分灵活多样。创新性思维还是变通的思维,其可以冲破思维定势的束缚,对自己已有的、别人已有的甚至公认的东西进行及时调整,创新并激发出新的火花。创新思维是从创新意识到创新实践这一整个创新活动过程中的关键环节,直接影响着创新结果的成败与质量,因此,汉语言文学专业的创新人才必须具备这种思维品质。

(二)汉语言文学创新意识的培养

创新性的实践开展需要以创新意识为基础,因此,就汉语言文学专业而言,只有培养学生的创新意识,并不断引导学生接触广泛的文化,才能帮助学生在实践应用中大胆创新、勇于开拓。

意识的培养需要长时间的关注与投入,意识的培养过程是一个持久的过程。在教授汉语言文学的过程中,教师要时常提醒学生创新这一理念,让学生将这个词铭记于心。有了足够的创新意识,学生才能够真正地将创新付诸实践,在日常的学习生活中结合汉语言文学的相关知识进行创新性活动。

(三) 汉语言文学创新人格的培养

所谓创新人格,即拥有远大的理想、坚定的信念、坚强的意志、善良的品格、务实的作风、高尚的情操以及丰富的感情。汉语言文学不仅是一门严谨的理论学科,也是一门重视感情表达的学科,所以在培养学生的创新人格时,决不可忽视对学生情感体验方面的引导。在对汉语言文学创新能力的培养过程中,也应充分利用这一优势,结合汉语言文学的学科特点,努力培养学生的创新人格。

三、提升学生的人文素养

就汉语言文学专业的发展而言,新的教学理念除了注重原有的基础知识与基本能力的培养,更加注重学生的学科素养与人文素养。人文素养涵盖人文知识、人文技能、人文能力、人文方法、人文精神、人文品质等多个方面的内容。在高校教学过程,学生要达到的人文素养目标涵盖的内容更加广泛,即汉语言文学的教师在教育教学具体过程中,需要帮助学生掌握丰富的人文知识,帮助学生掌握人文能力与人文方法,帮助学生学会分析和解决人与社会、人与人以及人与自然之间的问题的能力与方法,还要注意培养学生的人文精神与品质,帮助学生树立正确的人生观、世界观和价值观。

任何一种教学活动当中,学生始终都应居于主体地位,因而学生的探究活动应当是正堂课程的重点内容。教师在教学的过程中,也应当注重了解学生的专业程度和基本状况,并根据学生的基本特征,有意识、有目的地对学生进行引导,进而帮助学生全身心地投入到学习中去。值得一提的是,教师在分析学生的学习状况与学生基本特点时,以及分析学生的内心状态与学习需求时,更要考虑到学生个体的具体状况。原有的教学一般还考虑到全体学生的学习状况、学生的基本特点、学生的内心状态和学习需求。所以在日后教学过程,我们需要注重学生个体的学习状况、学生基本特点、学生的内心状态、学习需求。汉语言文学教育与人文素养培养融合教学就需要在教学过程中注重学生个体特征,促进学生个性化发展。学生的个体特征具体包括：第一，学生个人基本信息，即包括学生的兴趣爱好、学生的特长以及学生的性格特点与认知特点；第二，学生的个人关系结构与学生的知识结构等；第三，学生闪光点与薄弱点以及学生的优点与缺点。汉语言文学教育与人文素养培养融合教学应做到注重学生个体特征，一方面，汉语言文学教育教学的教师可以很好地与学生建立和谐的师生关系，引导学生更好地去发挥自身的闪光点，并不断减少自身的消极情绪与消极因素，促进学生自身的不断完善。另一方面，汉语言文学教育教学的教师可以根据学生的具体特征设定教学进度与具体教学目标，促进学生学有所得，人文素养在教学中得以体现并很好地落实到每个学生身上。与此同时，在进行汉语言文学的教学过程当中，教师要注重对学生个体的基本特征进行了解，并与学生进行积极的沟通。在这一过程中，学生也会对教师的教学产生新的认识，并逐渐增强学习自信心。这种认识能够极大地提升学生的学习兴趣，进而促进学生个体进步与学生的个性化发展。例如，汉语言文学教育教学的教师在阅读课教学过程中，应引导学生阅读指定的阅读材料，注重学生个体性，给予学生足够的阅读时间与阅读空间，促进学生在阅读材料中提升基本的情感，促进学生形成真切的体验，不断地使不同学生体验材料中所蕴含的文化内容，并在交流过程中丰富学生个体的认知，培养学生的鉴赏能力与审美能力，帮助每个学生都有进一步的提升与发展。

第二节　高职学生汉语言文学教育的现状分析

一、高职院校汉语言文学教学存在的问题及原因分析

（一）高职院校汉语言文学教学现状

1. 师生对汉语言文学学习态度淡然

汉语言文学的学习本质上就是对汉语系统化进行学习。对于任何一个学科的学习而言，拥有端正的态度是学有所成的前提。汉语言文学专业学

生的学习无法达到理想的效果，在很大程度上是因为学生怀有急功近利的心态。就高职学习阶段而言，汉语言文学课程在绝大多数情况下仅作为选修课供学生选择，因此学生往往对这一课程的重视度不够。倘若我们在高职自习室巡视几圈，是很难找到正在学习汉语言文学的学生的，这已经成为一种常见的现象。日常开展的高职汉语言文学教学活动也是如此，学生普遍对这门课程重视程度不够，部分老师会在课堂上与学生讨论汉语言文学专业以外的内容，导致汉语言文学教学很难取得理想的效果。

事实上，汉语言文学的教学过程十分艰难，学生要想提高成绩也不是一件容易的事情，汉语言文学这门学科很难在较短的时间内提升成绩，这也是这门学科与其他理工类学科之间的显著差异，它更侧重的是长期的点滴积累。基于汉语言文学专业的这种特点，很多人得出这样的结论：学与不学都是一样的，即学了未必能够在短时间内提升成绩，相反，不学也不会导致成绩出现明显的下降。综上所示，学生和教师对汉语言文学漠然的态度是导致目前高职汉语言文学教学效率低下的主要原因。

2. 高职汉语言文学是传统汉语言文学教学的延伸

尽管随着时代的发展，我国高校教育不断探索和实践新的教育模式，但汉语言文学专业的教育模式并没有出现太大的变化。就现有的教学经验来看，汉语言文学的教学更具开放性，因此学生在课堂上即便出现走神等现象，他们也并不在意。同样的，教师在教学时产生了麻木的心理，认为汉语言文学教学方法改进与否都不会对教学效果产生明显的影响，因此不必寻求突破口。在这种消极的教学观念的影响下，教师将错误的教学方法一直延续下去，这样就会对教学成果产生严重的不良影响。

高职学生的学习方式十分被动，学习的目的也十分简单，那就是在单一考核制度的期末考试中取得理想的成绩，这显然是一种"为学习而学习"的错误思想。这实际上也暴露出我国应试教育的缺陷——培养出一批考试机器。这对于学生的长期发展而言显然是不利的。

3. 汉语言文学课程被其他课程所取代

随着近年来高职院校专业课程的不断改革，越来越多具有创新性和应用性的专业在高校中崭露头角，汉语言文学的课时便受到了一定程度的压缩。经笔者调查发现，在部分高职院校中，汉语言文学课程甚至被应用文写作等课程所取代。客观来讲，应用文写作是一门以工具性为主导的课程，这门课程无论从深度和广度上看，都不能与汉语言文学课程相媲美。从这些现象我们可以看出，在高职院校中，汉语言文学课程处在边缘化的尴尬境地中，汉语言文学教师也仿佛成为学校中一个"可有可无"的群体。从受重视程度上看，汉语言文学课的受重视程度远远不及专业课，甚至不能与同为基础课程的思政课和体育课相匹敌。

4. 教学目的众说纷纭

1912年成立的"大一国文委员会"就大学汉语言文学的教学目标提出了四点主要内容："在了解方面，养成阅读古今专科书籍之能力；在发表方面，能做通顺而无不合文法之文字；在欣赏方面，能欣赏本国古今文学之代表作品；在修养方面，培养高尚人格，发挥民族精神，养成爱国家、爱民族、爱人类之观念。"

1978年，南京大学重新开设这门课程的目的也提出了四点：一是提升大学生汉语水平与运用能力；二是传承传统文化精髓；三是提升精神文明；四是在改革开放的时代背景下，用中国优秀的传统文化影响世界。

在最近几年间，大学汉语言文学的教学目的成为学术界关注的焦点，影响较大的几派主要有以华东师范大学徐中玉教授为代表的"人文汉语言文学"、以北京大学钱理群教授为代表的"文学汉语言文学"、以南开大学陈洪教授为代表的"好文章汉语言文学"、以上海商学院乔刚教授为代表的"职业理念融合汉语言文学"，另外也有"审美汉语言文学""文化汉语言文学""社会学汉语言文学"等说法。

随着各种教学理念的不断提出，使得不少教师和学生都感到了困惑，导致学科教学内容与教学方法的创新工作被暂时搁置。但现实的教学实践证明，该专业的教育离不开教学内容与教学方法的创新，这便导致在汉语言文学课程的教学当中，在教材选文方面大同小异，没有太大的创新之处，在教学方法上也依然是沿袭传统，即教师借着幻灯片来对课程进行讲授，丝毫没有创新可言。

5. "跨学科"成为汉语言文学教学改革的重要课题

社会的发展需要复合型人才，这也是教育发展的必然结果。论及复合型人才，就必然会涉及多种学科之间的关联，也就是我们通常所说的"交叉学科"。在这种大趋势的影响下，"跨学科"也就自然而然地成为汉语言文学教学改革的重要课题。

不管是传统的文科院校、理工院校还是经管法院校、艺术类院校，其人才培养的目标都是具有综合素质的复合型人才。现实强有力地冲击着传统的课程布局，同时也冲击着传统的教学体系，大学汉语言文学作为提升学生人文素质的主要渠道自然而然地成了被强烈冲击的主要对象。

通过调查可以得知，当前高职院校的学科体系主要表现出两个最为基础的特征，即科技整合与学科渗透。举个例子，湖南环境生物学院近些年新开的两门课程：导游汉语言文学与医务应用文写作，这两本课程表现出科技整合与学科之间的渗透关系，充分适应了当前学生职业发展的需要，因此具有一定的前瞻性。

在任何一所高校当中，强势学科的学习氛围与学科文化都直接左右了该校的校园风气，并在很大程度上影响着该校整体人才培养方案的制定。这种方式，能够在很大程度上影响学生学习汉语言文学的动机与兴趣。不同的学校在学科侧重点上有所不同，有的学校将理科作为主科，有的学校将工科作为主科，有的学校以金融、法学为主，有些以农林为主，也有的以医疗卫生类为主，也就是说，不同的学校有着属于自己的优势学科。在这种情形下，优势学科对于文科专业、学生的学习导向和专业素质的提高都有很大的影响作用。在相关课程安排中，学校通常会针对优势学科安排更多的课程，这也使得学习专业知识成为学生的首选，大学汉语言文学在某种意义上只是学生提高人文素养的途径，其受重视程度是远远不够的。

6. 教材缺乏特色与创新，很难符合高职教育的实际需求

就目前看来，高职院校所使用的汉语言文学教材可谓种类繁多，且近年来各种新颖的教材层出不穷，而这些教材的质量也是参差不齐。许多教师在选择教材时并不十分严谨，这也在一定程度上影响了教学的质量。可以说这些教材都没有真正脱离纯文本表述框架的束缚，在这些教材中，很多内容都偏重于范文的选读，且从类型上看，主要以中国传统经典文学作品为主，是反映社会现实的文章。此外，还有一部分教材将外国文学部分完全舍弃，仅仅保留中国传统文学的部分。这样一来，就会导致教材有失偏颇，甚至表现出厚古薄今、盲目自大的不良倾向，这对于学生的学习来说显然是十分不利的。从教材编写体例的角度来看，大多数教材的编写体例也基本雷同，没有太多的创新之处。总而言之，当前高职院校教材普遍缺乏特色与创新，对于高职院校大学汉语言文学教学实效性的提高来讲是十分不利的,这种现象应当引起相关学者的重视。

事实上,除了在内容上千篇一律以外,当前高职院校大学汉语言文学教材当中还存在着其他一些不足之处。例如,有相当一部分高职院校大学汉语言文学教材体系比较陈旧,缺乏新意,因此也很难与职业教育特点相适宜,从内容选择的角度来看,这些教材的选材范围较小,内容相对单一,所选取的很多文章都缺乏现代意识,这实际上是很难与职业教育努力培养创新性人才的要求相符合的;还有一部分高职院校大学汉语言文学教材则学术色彩过强,整体内容较为高深,容易给学生的学习带来困难,在现代性方面也是略显不足,不仅学生觉得晦涩难懂,教师在教学时也会觉得十分艰难,这显然是没有充分考虑到高职院校大学生现有的知识水平,给学生的学习以及教师的教学造成不必要的困难和阻碍。

7. 教学理念比较固化

高职院校的主要教学目标以及教学任务是培养具备专业技能的知识型人才,所以,很多高职院校的教学任务都非常繁重,在学制较之普通高校短的基础之上,很多高职院校忽视了大学汉语言文学教学,在课程的编排上面,挤占大学汉语言文学的教学时间,使得大学汉语言文学教学活动流于表面。长时间这样下去,就使得大学汉语言文学教师以及高职院校的学生都不再重视对大学汉语言文学的教学与学习。同时,有些高职院校太过重视对大学汉语言文学技术性的教学,使得高职学生反复地练习汉语言文学写作能力。比如,有些高职院校的大学汉语言文学教师偏激地要求学生不停地进行商务写作的练习,而忽视了对学生文化素养的培养,再加上有些高职院校仅仅是在大一的时候开设大学汉语言文学课程,没有能够体现出大学汉语言文学教学的连贯性,这种种表现,都体现出现阶段高职院校在大学汉语言文学教学中的固化教学理念,严重影响到高职学生的高素质培养。

(二)高职院校汉语言文学教学出现问题的主要原因

1. 高职院校汉语言文学教育目标缺位

首先,大学汉语言文学教育目标仍是知识的积累,而不是学习能力的养成。其次,大学汉语言文学教育目标表现一定的自我封闭倾向,也就是说,大学汉语言文学教育缺乏与其他学科之间的有效沟通,这显然也不利于学生综合能力的养成。除此之外,大学汉语言文学教育的目标并没函盖帮助学生养成良好的人格和修养方面的内容,实际上,从学生长期发展的角度来看,养成良好的人格和自我修养才是第一要义。

总而言之,在教育目标当中,对于怎样通过大学汉语言文学教学培养和提高人格修养还需要进一步明确相关途径与方法。

2. 高职院校汉语言文学教学内容过时

教学内容是否新颖对于学生的学习而言往往是至关重要的。新颖的、创新性的教学内容通常能够激发学生的学习兴趣,能最大限度地激发学生的求知欲望,对于教学效果的提升而言也是大有裨益的。对汉语言文学教育也是如此,教学内容的选择也至关重要。首先,大学汉语言文学专业的教学内容要与学生当前的学习情况相适应,要适应学生现有的汉语言文学知识水平,此外还要与学生的心理发展水平充分切合,只有充分与学生的特质相适应,学生才能在学习过程中更好地、更顺利地掌握相关知识,进而最大限度地提升学习效果。

其次,教学内容要能激发学生的学习兴趣。学生的审美情趣不是一成不变的,而是会随着社会的发展、时代的变迁不断变化,这就要求教学内容也应该根据实际情形进行调整和革新,真正做到与时代的发展同步,只有这样,才能对学生形成一定的吸引力,从而让教师的教学事半功倍。但遗憾的是,从目前的情况来看,当今大学汉语言文学教学没能很好地解决这些问题,教材内容陈旧是一个显著问题。

在教学内容的选择上,经典作品必不可少,但我们也应该注意到,经典的文学作品往往是特定时代的特定产物,已经不能够适应现代年轻人的欣赏水平。从另一方面来讲,经典作品所反映的社会生活与当代人的生活场景之间存在很大的差异,因此有相当一部分内容是很难令学生接受和理解的。所以,对于这类型的作品,少量保留即可。通过阅读这些作品,学生能够对对以前的社会、历史有一定的了解。但也应当注意控制这些作品出现的数量,这样做的目的是给现代社会生活的优秀作品留出一些展示的空间,从而使学生的学习不至于与时代脱轨。

3. 教材的编制研究滞后

当前,高职教育在我国正在全面发展,教育界相关专业根据高职教育的基本特点,为高职院校编配了多门学科的相关教材,但是在大学汉语言文学这一学科中，教材编配却并无多新意，针对性也不够强，主要表现在以下两个方面。

首先，缺少适合高职院校的优秀教材。客观来说，国内并不缺乏优秀的大学汉语言文学教材，如中国人民大学出版社由岑运强等主编的《语言学概论》，以及中央广播电视大学出版社由王一川等主编的《文学概论》，这些都是质量较高的教材，经受住了时间的考验，但是却没有专门面向高职层次的优秀教材，这一点无疑是非常遗憾的。

由于汉语言文学素养高深的教授通常是集中在本科院校，他们对高职层次的教育特点并没有很深入的理解，因此，即使有挂着这些教授的名字出版的所谓专科版、高职高专版的大学汉语言文学，但是其模式甚至内容上与本科所用的教材并无二致。面向高职层次的大学汉语言文学教材，由于没有高职教学经验的普通本科教师来编写，也不可能真正适应高职教育的特点。

其次，高职教师普遍对教材的研究不够透彻。在前面的内容中，我们已经介绍过，在高职院校中，汉语言文学专业始终处在一个比较尴尬的园地，不论是学校、学生还是老师，都对这门课程的重视程度不够，很多高职教师甚至不愿意主动投身到这门课程的教材建设中，这就对学科建设形成了很大阻碍。在这种情形下，一些出版社虽然组织高职教师编写了面向高职的教材，但普遍存在质量不高的情况，这些教材在面市之后取得的反响也是不尽如人意，有些教材的编配还缺乏规范性，把应用写作、演讲与口才甚至商务谈判的内容也都纳入到了大学汉语言文学的课程体系当中，这样会导致教材的内容显得臃肿而没有重点，这样的教材也自然无法取得老师和学生的认同。

总而言之，虽然大学汉语言文学的教材看似百花齐放，但实际选择的余地并不太大，很多教师在权衡之后，还是选择了本科教材，而对这些高职教师自行编写的教材并不青睐。

4. 社会对高等职业教育的认识和教育定性

未与时俱进当前，现代化产业正在飞速发展，新产业中的岗位群急需大量的高素质人才，即面向生产、建设、管理以及服务第一线的技能型人才，高等职业教育正是应这一社会需求而产生的。社会对高等职业教育的定位就是培养当前企业所急切需要的大量高技能应用型专门人才。

这些高技能人才只要具有熟练的操作技能、较强的动手能力与实践能力，毕业之后能够在生产一线立即上手，就是良好的技术型、管理型和技能型的劳动者，而能够培养出这类企业所需要的人才的教育就是成功的高等职业教育。在社会对高等职业教育的认识理解和要求中，"重技能、轻人文""短、平、快、立即上手"的倾向是非常明显的。

是否开设大学汉语言文学课程或进行其他人文素质教育，在企业来看都是无关紧要的问题。他们认为，高职院校只要注重学生技术、技能、应用能力的培养，让学生可以在工艺型、操作型、管理型岗位上发挥才华就够了，至于"宽基础""复合型"高素质的要求并不属于对高职高专学校人才培养规格的定位。作为高等职业教育毕业生用人单位主体的企业的认识，不可避免地会影响高职院校汉语言文学教育的开展。

二、高职院校汉语言文学教学的功能与发展趋势

（一）高职院校汉语言文学教学的功能

以加强汉语言文学教学为主要目标的教学，可以提高学生的专业实力。接受高等教育的学生要想在就业和事业上取得成功，不仅需要相关的职业技能，而且需要一些基本要素。例如，良好的个人素质，包括强大的毅力、严谨的工作作风、灵活的适应能力；人际交往与团队合作能力；有效的工作方法，分析和解决问题的能力；敏锐和开阔的视野。这很难通过简单的职业技能教育或简单的理论说教来实现。汉语言文学教育作为人文素质教育的主干课程，通过文学鉴赏、审美建构和思维训练，提高学生的基本素质和适应能力，进而提高学生的专业能力。

高职教育人才培养的目标是培养生产一线的实用技术人才，使学生的实际应用能力更加突出。当学生进入社会，他们首先表现出来的是他们运用语言的能力。与他人交流、表达自我、总结工作，这些都需要有良好的口头和书面表达的能力。

事实证明，在充满激烈竞争的现代社会当中，谁的这两项能力掌握得好、运用得好，谁今后发展的机会就会越多。大学汉语言文学教学能够辅助其他相关学科帮助学生提高这些能力，进而提高学生的实际工作能力，

夯实学生的从业实力。

（二）高职院校汉语言文学的改革路径

1. 教学内容改革，开放教学时空，充实课堂内外空间

新教育理念主张教师的教学不应仅仅停留在教材的表面，教学的内容应当是丰富多彩的，如同土壤一般，让学生能够在"良好的养料"当中主动汲取知识，这样就能最大限度地激发学生的学习兴趣，与此同时还能有效帮助学生提升自己的学习能力，进而全面提高学生的综合素质，这也是现代社会对高职人才培养的要求。

从目前的形式来看，高职汉语言教学课时呈现出逐渐减少的趋势。在这种情况下，高职教师如何在课堂内外承担起自己的教学责任、如何在有限的时间内将更多的汉语言文学知识传授给学生，是当前所有高职汉语言文学教师所面临的重要问题。

2. 从学生实际出发，有针对性地改编教材

经调查发现，当前很多高职院校使用的教材都是本科教材，这些教材均表现出一些明显的弊端：以古文为主，缺少现代文；对于文学作品格外偏重，而对精美时文有所忽视；重视作品的欣赏，而对语言能力的培养有有所忽视。

从客观来讲，与本科生相比，高职学生的文字素养相对较低，理解能力相对较差，在学习上也普遍缺乏主动性。所以，对于高职学生，倘若教师强迫他们去理解那些深奥的文章，必然是"拔苗助长"，同时还会打击学生的学习积极性。苏联心理学家、教育学家维果茨基曾经提出了著名的"最近发展区"理论，该理论认为，教师的教学应该建立在学生的"最近发展区"之上，也就是说，教材要适应大多数学生的现有水平，要在必要与可能之间找到最佳接合点。

考虑到学生的接受能力、兴趣爱好与实际需要，高职的大学汉语言文学教材应当侧重选择通俗易懂、篇幅较为短小、经典时尚且富有强烈感染力的文章和文学作品。

与此同时，还要坚持人文教育与语言训练并重，通过对民族精神、公民道德、人生观、荣辱观、人格尊严，这些自尊自强精神的渗透教育，激发学生学习的积极性、培养学生强烈的集体主义和爱国主义精神，培养学

生在有效接受的基础上训练语言的运用能力，并基于学生自己的意愿，引导他们理解人生哲学和职业道德。

3．改进教学手段

目前，很多的大学汉语言文学教师仍然停留在"课本、粉笔、黑板加一张嘴"的传统教学手段层面上，其教学效果是比较有限的。使用图文并茂、声情相生的多媒体教学设备，能够通过制造全方位的人文环境，充分调动学生视觉、听觉、触觉等多种感觉，让学生得以身临其境，受到审美感染，进而更加深刻地理解作家作品，收到良好的教学效果。

4．重视设疑提问，唤起积极思维，培养创新精神

学习的兴趣一般是在探索和感悟疑惑的兴奋中培养起来的。存疑是思维的起点、是探索的动力、是求知的兴趣。在教学活动中，教师要了解教材的内在联系，了解各单元、各节课的重点、难点和疑点；要充分了解学生，充分了解他们的知识基础和智力水平，精心设计一些问题，向学生提问，并指导他们通过自己的分析找到解决办法。

5．从教学目标出发，改革传统的教学评价体系

首先，高职院校大学汉语言文学课程的教学评价体系应转变传统的结果式评价方法。事物都是处于不断变化发展中的，在大学汉语言文学教学中，不但要关注学生对知识的掌握程度，还应关注学生情感的变化、能力和水平的变化；不仅要关注学生已获得的成绩，还要关注学生在学习中的一些行为表现，以动态发展的眼光看待学生的变化情况，更加注重学生学习和成长的过程。所以，必须转变传统的一锤定音式的评价方法，采取动态发展的眼光来看待学生的学习和变化。其次，应该采取多元化的教学评价体系。从考试内容上要将考查学生对教材知识的掌握程度转换到对学生各方面能力的考核，不但要注重结果，更要重视过程；不仅要重视理论课的学习，也要注重理论与实践的结合；不仅要考察学生的听说读写能力，还应该注重对其创新能力、应变能力以及心理承受能力等各方面综合素质的培养。从考试形式上应当改变传统的一纸化考试的模式，换以开卷考试、论文写作、案例分析等开放式的问题，以便从各个方面对学生的能力进行考核。此外，除了可以根据期末成绩来评价学生的学习成绩，还可以把平时作业的完成情况、课堂表现情况、期刊文章发表情况等进行综合评价。

(三) 高职院校汉语言文学教学的发展趋势

1. 构建高职汉语言文学课程自主学习体系

高职院校可以开设与学生未来就业相关的新课程，使学生通过实际应用，充分掌握汉语言文学的学习技能，提高学生的写作能力和语言表达能力，进而提升高职汉语言文学课程改革。在高职语文教学改革过程中，学生必须了解文学作品的丰富内涵，丰富个人的精神感悟，培养分析能力。高职院校汉语言文学课程在改革过程当中，应该逐步构建学生汉语言文学课程自主学习体系。在未来社会的发展中，知识会越来越丰富，学生对汉语言文学知识的渴望也必然会越来越强烈。汉语言文学教师在教学活动中不仅担负着教学的责任，也肩负着知识传递的重要作用，所以教师应当提高自己的教学水平，改善教学方法，在明确教学目标的同时，细化教学过程中的细节问题，让学生在学习课本知识的同时也能够广泛阅读课外知识，并通过灵活的汉语言文学课程进行学习内容的交流和讨论，进而引导学生走向知识殿堂，构建一个学生自主学习的汉语言文学教学体系。

2. 充分利用网络学习资源

高职汉语言文学课程要在传统的高职语文基础上进行改革，拓展汉语言教学和中国文学的新课程，完善职业学校汉语言文学教学体系，重视学生就业能力和文化素质的培养，使所有高职学生都能获得就业能力，提高个人文化素质。

随着时代的不断发展，网络资源的不断普及，网络已经渐渐成为学生自主学习的主要方式。高职院校可以利用网络丰富的学习资源和便利的学习条件，把汉语言文学课程教学应用到网络当中，引导学生进行网上学习。让学生充分意识到，单纯依靠书本上的知识提高汉语言文学素养是远远不够的，必须通过多种途径大量学习课外知识，充分利用网络中丰富的学习资源，不断汲取营养，丰富自己的语言和情感，进而丰富自身的汉语言文学文化素养。

3. 汉语言文学教学越来越重视美学教学

《语文教育学引论》作为汉语言文学的必修课程，其作者阎立钦教授曾指出："教育是科学，也是艺术。教育理论若不包括美育的研究，就是不完备的理论。语文学科教育若缺乏美的教育，将是贫乏的教育。"也就是说，所谓汉语言文学美育，就是从汉语言文学教材当中挖掘自然美、社会美和艺术美等潜在因素，培养感知美、理解美、鉴赏美、评价美以及创造美的能力，树立正确的审美观念，形成健康高尚的审美情趣，完善心灵美的塑造，这一教育进程就是汉语言文学的审美教育。汉语言文学美育不但与学生形成健康高尚的审美情趣有关，更重要的是通过汉语言文学美，如语言美、文字美、形象美、构思美、情趣美等，引发学生对汉语言文学的兴趣，充分调动学生学习的积极性和主动性。

4. 汉语言文学教学融入工作生活

一般来说，汉语言文学的"语"即指语言文字，"文"是指"人文"，即人类文化和民族精神。也就是说，汉语言文学教育首先是学生学习祖国的语言文字，同时在母语学习中接受民族文化和人文精神潜移默化的影响。语言在社会实践中产生，又伴随社会的进步而发展。社会上处处存在汉语言文学，人们时时学汉语言文学、用汉语言文学。

汉语言文学学习不仅是学校课堂的教育，汉语言文学教育更应该面向社会、面向生活。目前大学中产生的文学沙龙、演讲辩论、诗文朗诵、周末论坛、自办校园广播电视节目等活动课都是汉语言文学教育走向生活化的重要标志，它是一种实践性、创造性、趣味性、应用性、实效性都非常强的汉语言文学教育综合课程。

第三节　高职学生汉语言文学教育的优化

一、高职汉语言文学写作教学改革的理念

（一）呼唤写作主体的回归

素质教育的主要目标是构建学生的主体性。在传统的写作教学中，汉语言文学教师通常会对政治化的思想教育内容比较重视，这样就会对学生

的自由思考形成一定的限制，导致写作变成一种程式化的机械操作，学生也很难产生写作的兴趣和热情。

在这样的教学观念指导下的教学实践使学生养成思维的惰性，导致学生不愿发表的自己的见解，或者是根本不敢发表自己的见解。长此以往，学生写作的对象意识就会逐渐淡化，学生的自觉性、主动性也会受到严重的压抑，写作对学生来说并非是一种享受，而是痛苦的折磨。本"我"的丢失，个性人格的缺席使学生的主体性退化。

教师应从根本上改变应试教育中陈旧的教学观念，首先，应该使写作教学更具开放性、民主性，将思考的权利还给学生，让学生敢于描写自己观察到的现象，抒发自己感悟到的真情，发表独立的见解，激发兴趣，增强自信心。当学生写作的态度端正明确，表达的主体意识得以回归，学生就敢于以手写我心，将为真情而写作、为兴趣而写作、为生活而写作。

其次，必须提倡真实的写作。真实的写作必须负载真实的信息，必须与生活的需要相结合，必须与学生的思想实际相联系。真实的写作是以作者的主体回归为前提，以自我价值的实现为最终目的。学生将为"我"而写作，为生活中的悲喜而写作，写作不再是一种苦差事，而是抒写心灵的园地，是联系社会的纽带，是人生的一个组成部分。倡导学生写作主体的回归是一个充满人性化色彩的、合乎科学规律的写作新理念。

（二）实现"人""文"的融合

时代不需要写作与做人分离的双重人格的人。教育的重要价值就在于，使人在学习中不断发现自我、完善自我，并实现自我，使个体生命焕发出耀眼的光辉。写作是学生汉语言文学素质的综合体现，汉语言文学学科鲜明的人文性在写作教学中尤为突出："我"是写作的灵魂，人文合一是写作的规律。写作教学的过程实际上就是教人怎样做人的过程。现在汉语言文学课程标准，提出"要求学生说真话、实话、心里话，不说假话、空话、套话""力求表达自己对自然、社会、人生的独特感受和真切体验"，关注"人"和"文"之间的融合。新课程标准这种求真求实的导向，对培养学生的健全人格十分有利。

情感体验是指人对客观事物是否满足自己的需要而产生的态度认知。其主要内容包括道德感、理智感、美感等，这些都是健全人格、培育精神不可缺少的。所以课程标准在每一学段中都有十分明确的要求，强调了情感在写作育人中的独特作用。学生在学习体验中获得经验，从生活中丰富经验，是涵养情感的基本途径。积累的经验越多，感情就越真挚，思维就越灵活，在文章中的表达就越发自内心。教学实践证明，学生写作时忽视人的因素，缺乏情感的体验，必然导致"为文造情"，造成人和文的分离。

（三）以学生的生活实践基础

传统的写作教学多为命题写作，学生为写作而写作，为写作而编造生活，这使他们离真实的生活越来越远，学生写作普遍存在"假、大、空"的弊病。

事实上，写作能力不是本质意义上的一门知识，而是一种为人生的抒发表达。汉语言文学学习的外延与生活的外延相等，写作教学与学生的生活密切相关。写作能力必须通过对人生的深切感悟和大量的写作实践才能形成和提高，而不是单靠文章作法技巧之类的东西所能奏效的。写作应是生命的律动，是生活的需要，最终是写作者自我参与的心灵活动。

二、高职汉语言文学写作教学改革措施

（一）"扬长"与"补短"并重，因材施教

由于每个学生能力结构与能力水平是有区别的，因此教师在写作教学指导过程中，尤其要突出因材施教的教学原则，要坚持"扬长"与"补短"并重。比如，数学与逻辑能力发展程度不明显的学生，其逻辑推理能力与科学分析能力相对略低于其他方面，因此在写作事理说明文与议论文的时候会有一定难度。而教师在进行上述文体写作教学的时候，一定要给予这些学生具有针对性的指导与帮助，根据学生的实际情况予以疏导，同时对数学与逻辑能力相对较强的学生提出较高的要求，给予更高的期待。再比如，自我认知能力较低的学生，在自知、自处以及深入理解自己内心世界的方面能力比较低，要写好自传、自省方面的作品会不容易，教师对这一部分学生的指导和关注应该更多一些，确保他们通过写作可以在这项能力发展上获得进步。

（二）找准学科定位，注重培养语言能力

加德纳教授强调过，在人类的多元能力发展中，语言能力居于首位。语言能力坦白来说，主要涵盖了听、说、读、写这四项技能，而这四项技能的发展恰好为进入语言能力指明了开发的路径。在汉语言文学课程当中，提升学生的书面表达能力，发展学生语言能力就是写作能力教学的首要任务。培养与提高其他方面能力以及优化能力结构，仅仅是大学写作教学中所附带的作用和目的而已。作为汉语言文学教师，一定要在教学过程中时刻保持头脑清醒、找准学科定位、分清主次，千万不能够本末倒置。在写作教学中，教师应该组织学生开展具有多样化特点的课堂活动，充分调动学生的积极性，活跃课堂氛围，推动学生语言能力发展。

（三）当今信息化时代高职汉语言文学写作教学改革措施

1. 构思、积累过程

构思的主要目的是为了将学生的认知能力和分析能力得到进一步提升。在这个过程当中，教师可以利用微信、QQ等一些网络信息平台与学生进行在线互动，并且根据学生平时的学习情况向他们下发写作题目与要求，同时为他们提供相关信息资料以及评价规则，扩大学生的思考空间和搜索范围。教师还可以事先通过一些网站以及交流平台查找相关的范文，将信息实时同步给学生，让学生通过阅读来提高自己对题目的了解和认知，拓宽他们的写作知识面与写作范围。通过网络平台为学生搭建一个关于文章主题的虚拟情景，在帮助学生理解的同时，充分激发学生的写作热情，让学生学会主动对关键信息进行查找和编写。

此外，教师还可以利用自己的经验适当地向学生讲述一些自己的经历以及对题目的想法，进而以专业的角度对学生进行引导，从而激发学生的创作热情，增强学生的想象力，以帮助学生进行写作练习。值得注意的是，一定要把学生放到主体位置，不能完全抑制学生的想法，更不能让学生完全按照自己的意思去做、去写。最后，还要让学生将自己每天的学习感悟和认知记录下来，也可以在网络平台上与其他学生分享，相互讨论，共同学习。尽管经过这一过程的培养，部分学生对于写作还不能够完全地认知和掌握，但是可以为日后的写作奠定良好的基础。

2. 指导学生进行练笔

通过练笔，能够有效地提高学生的自我表达能力，在传统的教学活动中，教师常常会使用范文仿写的方式让学生进行练笔。但客观来讲，这种方式的实用性并不高。因此，在日常开展的教学活动中，教师应当注重改进自己的教学方法，给学生营造一个独立思考、自由发挥的空间，并对表述方式等进行全面系统地完善与突破。网络信息的快速发展可以说为教师的教学工作开展创造了很大的便利性。教师在正式授课以前，可以先通过网络来找一些范文或者优秀文章进行分享，让学生可以对范文有所了解。

在这样的方式下能够最大限度地节省时间，同时也可以充分调动学生的学习积极性，为学生创设好的学习环境。在教学过程中，教师可以借助网络平台让学生进行写作练习，并且要遵循循序渐进的原则，开始设置一些比较简单的题目进行练习，然后再设置相应的难度题目，进而让学生能够逐渐地找到自己的失误，并可以不断地加以提升与修改，从而促使写作能力得到根本性的提升。

3. 成文练习

进行成文练习，有助于锻炼学生的综合能力。在以往的教学活动中，教师是唯一能够对学生进行实际评价的群体。但实际上，教师日常的工作较为琐碎和繁忙，加之学生数量众多，导致教师无法及时对学生的习作进行评阅，这就会导致学生的学习无法得到及时反馈，在很大程度上影响学生学习能力的提升。所以，在日常的写作教学中，教师应该积极地利用好信息技术，促使教师可以快速地进行作文查阅，同时也可以让学生之间通过网络进行互动评价，进而相互学习和督促。

这样的方式下学生已经不再是简单的写作者，而更多的是成为一个评价者和审阅者，可以在对他人的写作进行评价的过程中能够更多的吸收到他人的意见。教师在当中所起到的主要是辅助的作用，从而让学生的主动性得到相应的提升。此外，学生还可以通过评阅方式来学习到他人身上的优点，逐渐积累更多的优秀词汇和短语，这对学生写作能力的全面提升将产生重要的意义。

第四章　在汉语言文学教学中加强人文素质培养

本章就汉语言文学教学在人文素质教育中的作用展开具体论述，首先介绍汉语言文学素养与人文素养的关系，然后讨论人文素养与企业文化的相互融通的问题以及企业文化的培育问题。之后阐述在汉语言文学教育中提升学生人文素养的具体策略以及高职汉语言文学教育的创新模式。

第一节　汉语言文学素养与人文素质的关系

一、高职语文学习践行社会主义核心价值观

（一）高职语文课程中渗透社会主义核心价值观的意义

1. 继承中华优秀传统文化

语文课程是中国民族文化的基本载体之一，语文课程教学成果直接关系到国民语言文学素质的高低，且国民阅读理解、语言表达、思维发展等能力的高低也直接受到语文课程教学的影响。此外，语文课程的教学也在相当大程度上会对学生的精神状态产生影响。尤其是语文课程中包含着大量的中国传统文化经典，这些经典作品中包含古人的智慧，即便在今天，依然具有极高的实践价值和现实意义。所以，发展语文教育是继承和发扬中国优秀传统文化的重要方式。

例如，在荀子《劝学》中可以看到"木"要改造成"轮"，就要

"鞣";金要利,就要"砺";人要成为"知明而行无过"的君子,就要"博学而日参省乎己"。《论语·颜渊篇》中讲:"克己复礼为仁……非礼勿视,非礼勿听,非礼勿言,非礼勿动。"告诉学生一个人要能不断地自省、自律,不断提高、完善自己,多向品德高尚的人学习,改正自己的缺点与不足。这些思想文化精髓,对塑造高职学生的工匠精神和高尚人格都有着重要作用。因此,在高职教育阶段,唯有大学语文课程能够承担继承弘扬中华优秀传统文化这个重任。

2. 对高职思政教育的辅助作用

在高职语文教育当中,许多内容都是对社会主义文化的具体阐述,因此通过语文课程的学习,学生能够深入理解社会主义核心价值观,并对革命文化产生深刻的理解。这无疑对思想政治教育有着积极的作用。事实上,高职语文课程对思想政治文化的教育是渗透式的,优秀的文学作品中的主人公大都怀有强烈的历史使命感和社会责任感,他们追求的理想与目标,与他人、与集体甚至与整个人类社会的进步都紧紧相联系,他们把个体的有限生命融入无限的事业中。因此更能够引起学生情感上的共鸣,这比单纯理论式的思想政治教育更有效。例如,《国家的儿子》一文在许多语文教材中都有收录。这篇文字用真挚的语言将英雄人物罗阳人生最后的八天七夜进行了细致的描述,生动地刻画出人物的性格特点,深深地感动了读者。语言文学能够通过最为感性、最为贴近审美情感、最为贴近生活的方式,开展革命文化和社会主义文化教育,进而大大增强作品的亲和力和反映的思想道德的感染力。

(二)高职语文教学中渗透社会主义核心价值观的教学策略

高职阶段的学生由于年纪较轻,尚未获得丰富的人生经验,也缺乏社会经验,他们的思想并不成熟,并且人生观、价值观也尚未完全建立起来。因此这一阶段的语文教学能够帮助学生树立健康的人生观与价值观,完善人格,不断提升自己的道德水平。就目前而言,我国绝大多数高职院校的语文课程的教学都仅仅注重对课文的教授,而忽视了对社会主义核心价值观的深入探讨。因此,高职语文教师应当在授课的过程中采用学生能够理解的方式,将社会主义核心价值观渗透给学生。此外,教学理念和教学模式的革新,也在一定程度上对促进社会主义核心价值观教育有着积极意义,并能够保证高职语文教育的有序进行。

1. 分析作者的简介

高职阶段的语文教学要想渗透社会主义核心价值观,就必须对作者进行分析和介绍,因为作者的个人经历是影响作者个人情感产生的重要因素。通过介绍作者,学生能够体会到作者为什么会产生写作欲望,作者在文章中表达的情感是怎样的,以及作者写这篇文章的初衷与意义,等等。在学生理解以上几点问题后,自然可以体会到作者所传达的社会主义核心价值观,也能够将这种理解和体会转化为自己的现实生活。高职语文教师在进行教学时,要本着立足教材、向外拓展的教学理念,充分发掘教材中的精华,并引导学生从学习文学知识入手,逐步过渡到从文学知识中汲取精神营养。以《伤逝》这篇小说的教学为例,高职教师可以先请学生自学,在学生熟悉文章中故事发生的背景以及故事情节之后,为学生介绍作者鲁迅,使学生对作者有一个全面的认识,并体会到作者高尚的情操和良好的人格品质。在此基础上,教师再引导学生深入课文。当课文讲解完毕后,教师可要求学生在课下阅读鲁迅其他类似的、具有鲜明历史特征的文章,如《狂人日记》《呐喊》等,帮助学生全面地了解当时的时代背景和社会面貌。在这一过程中,学生的爱国主义情怀、社会主义核心价值观会得到逐步的培养,并能够及时修正学生错误的价值取向。除此之外,高职语文教师在日常的教学过程中,还需要时刻关注学生学习思路是否正确,如果学生长期存在学习思维有偏差的问题,那么其很有可能出现人格发展偏差问题。因此高职语文老师要观察学生的学习状态,及时对学生进行思想和心理上的引导,帮助学生树立崇高理想,坚定信念,努力提高自己的专业能力,实现自身的综合发展。而教师要做到这些,在课堂中向学生渗透社会主义核心价值观是必不可少的。同时,在进行价值观教学时,教师应当特别注意与教材内容相结合,引导学生从课堂走向课外,将课堂所学知识转化为实践能力,进而提升学生的社会生存能力。

2. 以读写训练为主

在高职院校的语文教学当中,读写教学是不可缺少的一部分。通过进行读写教学,学生的整体阅读能力得到培养,且学生的写作能力也得到一定程度的提升。这种教学方法不仅是技术的教学,更是对学生文化素养的培养。高职院校的语文教师在读写训练教学环节,可以以社会主义核心价值观为主题，要求学生在阅读相关主题的文章后，根据自己的理解进行写作训练。此外，教师还应当注意，采用符合时代发展需求的课堂教学模式，并及时更新教学理念。如果教师还是采用传统的灌输式的教学方式进行社会主义核心价值观的教学，那学生必然对这种"大道理"毫无兴趣，甚至会在自己的写作练习中，将社会主义核心价值观进行生搬硬套，而写出来的文章自然是毫无感情的。教师可根据学生当前的学习需求来开展相关的教学活动，从而促进每个学生调动自身的学习兴趣和学习积极性来积极配合教师完成相关的学习任务。例如，教师可以布置作文作业，让学生以"榜样"为主题，来进行写作。然后指导学生，在写作时，应当注意在文中体现社会主义核心价值观，并将该种观念与人物形象的塑造相结合。学生在进行这种写作练习时，便可深刻地理解社会主义核心价值观对人的行为、思想有着怎样的影响，明白为何要树立社会主义核心价值观。此外，教师还应当教授学生在写作前收集写作材料的方法，让学生先从身边的人和事入手进行观察，收集英雄模范人物的实际，了解英雄模范人物的形象，并通过自己的语言进行描述。在这一过程中，学生会对英雄人物产生敬仰之情，进而激发学生的爱国主义情怀，培养学生为祖国、为人民服务的精神信念。教师在对学生进行读写训练的过程中，还可以向学生推荐一些课外阅读读物，如朱自清的《荷塘月色》或者是徐志摩的《再别康桥》，教师要让学生阅读完这两篇文章之后写一篇读后感，以读后感的方式不仅使学生的写作能力得到了有效的提高，还陶冶了学生的性情，使每个学生可以将从文章中感受到的思想情感以及知识应用于实际生活中，不断地提高学生的思想道德水平。因此在当前高职语文教学课堂中，教师在对学生进行社会主义核心价值观的教育时，应当通过读写训练来不断地提高学生的思想道德水平，促进学生的全面发展。

3. 以社会实践为载体

在高职语文教学过程中，教师也可以适当融入实践教学。课堂的教学内容再丰富和全面，也具有一定的局限性，而开展实践教学，则在一定程度上弥补了课堂环境的不足，为学生拓宽了学习环境。就社会主义核心价值观的教育而言，仅仅在课堂上学习，对于大多数学生来说会将其当作一种理论，并不懂得如何落实在生活工作当中。但如果教师可以将社会主义核心价值观的教育带入实践教育当中，学生便可对其产生更为清晰的认识。与传统的课堂教学模式相比,这种教学方式可以激发学生的学习积极性,让学生充分了解社会,使每个学生都能在社会实践中践行社会主义核心价值观,潜移默化地约束自己的行为。在开展社会实践活动之前,教师要深入分析社会主义核心价值观,然后结合课堂教学重点和教育目标,科学合理地安排学生的实践活动,使每个学生在社会实践中学习到有用的知识,并树立正确的人生观和价值观。

比如,目前在高职语文课程的教学当中,教师可以让学生进行环境调查,把班上的学生分成几个小组,让每个小组对街道或公园进行某一主题的调查分析。在调查活动开始之前,教师要向学生提出要求。例如,要求学生在收集相关数据的同时,注重与环境内人员进行沟通与交流。这种实践活动不仅锻炼了学生实际考察能力、解决问题能力,还极大地提升了学生的人际交往与口语表达能力。这样,学生便能够有效地约束自己的行为,杜绝自己的不良习惯,提高学生的综合素质。因此,在当前高职语文教学课堂中,教师在对学生进行社会主义核心价值观教育时,应增加一些社会实践的机会,使每个学生都能在实践中深入社会现实,为学生锻炼自己的综合能力提供机会。而随着当前社会各个岗位对人才要求的不断提高,高职语文教师对学生实践能力的培养也应当以社会需求为参考。通过实践活动,能够加深学生对社会主义核心价值观的认识,并促进学生改善自身行为习惯。

二、高职语文教学中实施人文素质教育的必要性

(一)人文基础常识缺乏

在当今的高职教育活动中,很多学生严重缺乏文学、历史、哲学和艺术知识,即使是最基本的文史知识、最基本的艺术审美能力也十分缺乏。学生普遍认为人文知识对自己未来的发展没有实际意义,因此很少关注人文知识的学习。尤其是理工科专业的学生,更是认为人文的东西应当是圣贤之人的谈资,和自己毫不相关,更与就业无关,而专业课、英语和计算机的学习成绩才是真正关系到自己前途的"硬指标"。在很多学生看来,看一篇名著,品一则哲学论断还不如记忆一个英语单词来得实惠,更不如

在网络游戏中疯玩一把过瘾。

（二）民族精神缺失

根据相关调查结果，当今社会有很多高职学生对中华民族几千年的悠久历史和灿烂文化了解甚少，缺乏民族自尊和自豪感。有很多学生甚至没有读过或没有读完中国古典四大名著，也不知道唐宋八大家分别是谁，甚至连中国古代四大发明都不能全部说出来。而这些学生几乎都出生在改革开放以后，而他们从小接触各种西方文化，了解西方最新的科技发明，以唱英文歌、看美国大片为时尚，甚至对中国传统节日也提不起半分兴趣，但却热衷于过圣诞节。从这些现象中能够发现，多年来西方文化对我国的不断渗透，已经在很大程度上弱化了当代青年群体的民族文化自信，导致年轻一带民族精神的缺失。

（三）理想信念淡化

近年来，由于功利主义、拜金主义等思想观念的影响，不少高职学生逐渐丧失了远大理想和坚定信念，对国家、民族、社会缺乏基本的责任感和奉献精神，甚至出现精神失落、道德滑坡等现象。这些学生在专业选择、课程学习和择业目标上，不再以国家需要和个人理想为导向和动力，不再有强烈的进取精神和执着信念，而是以混文凭、获得丰厚收入或争取出国机会为人生目标。甚至一些学生将赚取金钱的规划作为人生规划的唯一因素，并认为人在社会上打拼的根本目的就是为了赚取金钱。在这样的思想下，学生逐渐对自己的人生价值产生模糊，甚至在物质世界中迷失自我，找寻不到生活的意义。因此不少学生在进入社会工作后，只关注是否获利，而不关注自己的工作是否真正创造价值，这给社会的健康发展埋下深深的隐患。

（四）道德观念淡薄

就目前我国许多高职院校的学生而言，他们已经逐渐淡化了传统的善恶观、美丑观以及道德标准，取而代之的是西方国家的善恶观、美丑观以及道德标准。甚至一些学生，在校园中做出一些不当的行为，或者言语举止粗鲁，缺乏礼仪修养。这都可看作是当代高职教育中思想道德品质教育的缺失。高职院校不仅要教授学生特定职业技能，还必须教会学生如何做人、做事，并提升学生的是非判断能力和善恶分辨能力。

（五）个人主义严重

尽管这是一个提倡张扬个性的时代，但"张扬个性"指的是大胆地表现出自己真实的情感，而非指提倡个人主义。现如今，不少高职院校的学生都表现出集体观念薄弱、价值取向个人至上的现象。这种现象不仅不利于学生的个人成长，不利于学生进入社会后与他人展开交流合作，更会直接影响到学生的人际关系、家庭关系。例如，图书馆的报刊书籍或被撕得残缺不堪，或干脆"尸首全无"；自习室的座位被一件件物品长期"霸占"，宁可空着也不允许别人去坐；对待公益活动敷衍了事或拒绝参加，而对评奖评优等有利之事却争先恐后，绝不相让……这些不文明的行为不应该在当今时代出现，一切以自我为中心的思想都会遭到他人的厌恶，只有崇尚礼让、学会奉献，才能在社会中赢得一席之地。

三、高职语文教学与人文素质培养结合的可行性

人文素质的培养不是一朝一夕之事，学生在义务教育阶段和高中阶段已经有了一定人文素养的积累，但如果不进一步对人文素养进行提高，是很难适应日后飞速发展的社会文化的。因此，高职阶段人文素养教育是每位高职学生都必须接受的教育。高职语文教育是人文素质教育的重要途径之一，如何将高职语文教学与人文素质的培养结合起来是不少高职院校面临的难题。

（一）语文教育彰显人文特征

通过课堂语文教学，学生不仅能够提升自己的语言文学素养，还能够受到中国传统文化的熏陶，逐渐形成民族文化观与价值观，并在日常生活实践中逐渐领悟到做人、做事的道理。与理科类学科不同，文科类学科对学生能力的考察如果仅凭答卷的成绩，是不全面的。就语文的教学而言，学生在学习语文的过程中，也会间接地学习到一些关于历史、政治、地理、艺术等方面的知识，并在长期培养中逐渐提升学生的人文艺术鉴赏能

力，进而健全学生的人格、陶冶学生的情操。高职语文教育通常是在潜移默化的过程当中，让学生在掌握一定知识的基础之上，慢慢沉淀出一份内在的气质，不断提升其自我修养。

（二）语文教学内容与形式体现人文精神

文学作品是高职语文教学中最为重要的一个部分。尽管文学作品是经过艺术化处理的，但任何文学作品的创作都是建立在现实社会生活之上的，因此必然饱含着作者睿智的眼光和深沉的人生智慧，并能够表现出丰富的人文精神。阅读文学作品并非是读一个有趣的故事，而是从故事的发展中寻找人在社会环境中所要面对的问题，体会不同境遇对人造成的影响，并从故事的结局中总结出特定的社会价值观。因此，通过分析文学作品，学生能够锻炼自己的思维能力和逻辑能力，并逐渐深化自己的人文思想，提升人文素质。

（三）语文教材适应了人文素质培养的需求

目前，不同地区、不同院校选择的高职语文教材存在着版本上的不同。但其中的内容安排和结构设置大致相同。文学作品包含的范围也十分广泛，各类题材、形式的作品为学生拓展文学视野、培养全面的文学品读能力奠定了坚实基础。在高职语文课堂教学当中，教师要实现对学生人文素养的提升，首先要在课前对课文进行深入研究，从中提炼出体现人文素素养的精华部分，并在实际教学过程中重点引导学生对这些精华部分进行解读。

四、高职语文在人文素质教育中存在的不足

（一）高职语文在文化素质教育课程体系中定位仍不明确

就高职语文课程的教学对象而言，这门课程应当属于高学龄段课程；从课程的类别来看，语文课属于公共基础课；从课程性质来看，属于核心课程；再从课程形式来看，属于必修课程。但由于目前我国绝大多数高职院校教育中，无论是教师还是学生，都表现出只重视专业课教学、轻视公

共基础课教学的思想特征,因此不同的高职院校对语文课程的定位并不统一,甚至一些高职院校没有为学生开设这门课程。此外,各高职院校在"将高职语文设置为何种性质的文化素质教育课程"的问题上也是处于纷繁复杂、混乱无章的状态,有些学校将其设为公共课,有些学校将其设为基础课,一些不重视人文学科发展的学校则将其设为选修课。所以,高职语文到底应该是基础课、素质课还是人文知识课,至今仍然是各执己见、众说纷纭。

正是因为高职语文课程在文化素质教育课程体系中存在定位不明确、不合理的问题,所以这门课程在高职人文教育中的作用得不到凸显。因此,要推动高职语文教育在高职教育中发挥人文素养教育的核心作用,首先要理清高职语文教育与人文素养教育的关系,并确定高职语文课程在人文课程中的地位,并逐步规范高职语文课程的教学。只有推动高职语文教育的规范化发展,才能提高高职师生对语文课程的重视度,进而发挥语文教学的核心价值。

(二)偏重知识积累

就目前而言,许多高职语文教师都倾向于强调学科知识设置的系统性。但过于强调这一点,则会导致教学方法的死板,即必然导致教学方法以灌输式为主。在教师的指导下,学生必然会将学习的注意力放在对知识点的记忆上,这时,学生会感到更大的学习压力,并无暇顾及学科的应用与外延。就一般情况来看,在高职语文课程的教学当中,教学的主要方法是带领学生研读字词句,并分析段落大意,并要求学生背诵经典名段。这种教学方式是典型的以传授知识点为核心目的的教学方式。尽管这种教学方式在经过多年教学实践后被认为是颇有成效的,但却堵塞了学生的学习思维,学生只知道如何答卷,却不知道在语文课中学到的知识也可以在日常生活、社会实践中进行运用。只有引导学生在生活中反复体会所学的知识,才能真正培养学生的学习兴趣,让学生在毕业后依然保留自学的习惯,进而培养学生不断提升自我人文素养的意识。

(三)轻视能力养成

在高职语文教学活动的开展过程中,一些语文教师对学生相应能力的培养重视不够。学生的汉语发音、情感朗读和思维分析的发展是不平衡的。例如，许多教师会忽视学生的口语表达能力训练，由于课堂时间十分有限，加之在班级制下，一位教师所面对的学生数量过多，教师无法顾及对每位学生进行培养。此外，高职毕业生普遍存在应用文写作能力偏低的问题。由于高职院校的语文课程不连贯，且课时较少，因此教师很难在这方面予以学生更多的指导。在这种教学条件下，一些基础较差的学生可能无法用通顺的语言完成一篇毕业论文，自然无法在进入职场中熟练地完成应用文体的写作工作。从这一角度来看，高职语文课程的教学改革对提升学生就业几率和就业质量也有着一定的积极意义。值得一提的是，教师也进一步忽略了对自我认知、逻辑思考、信息处理、沟通交流、应变决策、合作学习、解决问题、自我管理、终身学习等非智力因素能力的培养。总体来讲，语文基础能力存在短腿现象，思维分析与自主学习能力呈现出滞后状态。

（四）语文教学模式较为单一、枯燥

据相关调查显示，目前我国高职院校语文教学的主要形式依然为课堂教学，且灌输式教学占据主导地位。事实上，就目前我国大多数高职院校的办学条件和培养目的来看，立刻大范围改变这种传统的教学模式，存在着相当大的阻力。我们必须意识到，尽管这种教学方式便于管理，可实行性较强，但与高职语文的教学初衷是相违背的，且不利于学生人文素养的提升。比如，学生的爱国精神培养必须要通过实践锻炼获取，而传统的课堂教学模式是难以真正培养学生的爱国情怀的。而且高职语文教学中存在的师生互动缺乏的问题也会影响到教学效果。课堂教学是一种师生互动的活动，通过互动能够提升学生的综合素质，但是目前师生互动的频率比较少。

（五）高职语文考核方式单一陈旧

高职语文教学必须将重点放在"文"上，即培养学生的综合人文素养。事实上，对于高职程度的学生而言，只有提升自身的人文素养，才能真正在日后的工作生活中发挥作用。如果仅仅记忆一些文学知识，仅仅学会如何应付考试，这样的学习对学生没有太大帮助。就目前看来，我国大

多数高职语文成绩的评价都以封闭式书面考试为主。这种评价模式在命题方面具有较强的随意性，考试内容的确定主要由任课教师负责。因此，试卷内容往往形式老旧、缺乏创新性与多样性。加之，这种考试模式本身就存在较多的"水分"。如果老师希望学生通过率较高，可能会提前帮学生划重点。因此这样的评价模式并不能真正反映出学生的实际语文水平和文化素养的高低。

第二节 现阶段企业文化培育的有效尝试与借鉴

一、高职院校企业文化培育的现状

下文将以山西太原技师学院为例，对我们目前高职院校企业文化培育的现状进行介绍和分析。

太原技师学院作为山西省的地方高职院校，其办学以服务山西、培养能够为山西发展做出卓越贡献的技术型人才为目的。目前，已经向社会输送了一大批高质量人才。该校坚持"让无业者有业、使有业者乐业"的办学宗旨，积极响应国家号召，勇于尝试校企合作模式，体现文化育人在育人活动中的重要作用，并与区域产业规划对接，根据产业需求来培养人才。为了更好地满足区域发展的需求，该校近年来不断探索教学改革和课程体系优化的方法，强化教师队伍，积极提升学校办学硬件设施条件，为学生的学习和实训提供了坚实的保障。通过探索校企合作文化育人模式，目前该校已经形成了"八双八共"的校企合作模式，具体内容有以下几点。

（一）校企双制，共定培养模式

高职院校要开展校企联合办学，首先要进行换位思考，要以适应企业发展为基础。因此，在校企联合培养的模式下，校方必须与企业方共同商议对学生综合素养的需求，并共同制定培养目标。对于高职院校的人才培养而言，首先需要加强对学生的思想道德培养，其次是培养学生的学习能力和传授职业技能。校企双方应当共同构建"学校教学"与"社会实践（认识实习）""企业实训（跟岗实习）""顶岗实习"相交替的"三三三"人才培养模式。通过企业培训，能够增强学生对行业、现代企业生产、企业文化和管理制度的认识，激发学生学习技能的积极性，提高学生的专业素质，进而加快学生职业素质的塑造。

（二）校企双谋，共商课程体系

进行校企联合培养，必须始终围绕着企业对员工的需求来进行培养模式及教学内容的设定。校企双方应共同派出专家进行协商、共同规划课程体系。太原技师学院结合学院承担的人力资源社会保障部和山西省一体化课程教学改革试点工作，制订了一体化课程改革顶层设计方案。在该方案的指导下，学校专门派遣教师进入企业展开调研活动，深入了解企业的经营发展状况，总结企业发展对员工的需求。同时，该校邀请了70余位企业一线技术专家，同学校专业课程任教教师共同探讨课程设置方案。此外，学校项目教学的专业课程数、一体化课程数、教师编写并公开出版的教材数都实现了成倍增加。学生通过学习一体化课程，学习内容与工作任务有机结合，进一步提升了适应工作岗位要求的能力。

（三）校企双向，共筑资源平台

校企合作育人模式要想得到长足的发展，就必须要与企业共同搭建育人平台，这一平台的搭建涉及范围十分广泛，如课程资源、技术资源、信息资源等，使得企业与学校在这一平台上进行平等的双向沟通交流，并互相服务，共同获利。该校与企业共同研究开发课程资源，建成了包括5个专业平台、24个课程平台，涵盖案例、试题、视频、教学素材等内容的通用教学资源库。在具体的开发过程中，学校的专业教师为主要负责人，企业专家则作为顾问，为专业教师的工作提供建议。课程平台的开通，使教师的授课流程更加规范，同时，也方便了教师的集体备课、教学研讨，以及学生的课后自学和远程在线学习。校企双方各派出一部分人员共同负责教务管理、招生、就业安排、远程学习平台管理等工作，真正实现了教学、管理工作的一体化、数字化。

(四) 校企双任, 共育师资队伍

现如今, 尽管全国各地的高职院校都开始广泛尝试校企联合育人, 但真正做到与企业形成稳固合作关系的院校则少之又少。而要实现与企业间形成稳固的合作关系, 就必须与企业建立起血肉联系。企业员工与学校教职人员应当形成交叉任职模式, 而学校则应当建立起企业与学校共同培育的四支队伍。教师进入企业参与生产, 能够提升教师的实际操作能力, 并帮助教师掌握行业最新信息, 同时也可将学校最新的科研成果带给企业, 帮助企业进行技术攻关。合作企业也积极派出骨干员工进入学校担任兼职教师。这样的合作模式优化了学校的师资队伍结构, 为提升教学成果奠定了基础。

(五) 校企双地, 共建实训基地

实现校企双赢是进行校企联合育人的基础, 而要真正实现校企双赢, 双方必须共同建立起职业实训基地。该校与企业合作, 对旧楼宇进行改建, 建设了自动化综合实训室、电控发动机检测实训室、数控车工实训室等20个实训室。此外, 学校还联手世界500强企业法国施耐德电气公司和法国蓝格赛集团, 共同建设了智能照明实训室, 该实训室采用了当前世界一流的新能源技术成果, 为学生的实践学习奠定了坚实的硬件基础。在共建实训基地的过程中, 学校教师与企业专家组成项目小组, 共同探讨实践方案, 参与设备的安装、调试和运行工作, 使得学校教师的实践操作能力得到了极大的提升。

(六) 校企双研, 共造技术项目

随着校企合作的模式得到了初步的确立, 该校将工作重点逐渐向升华校企合作意义方面转变。为此, 学校特别邀请企业专家参与科研活动, 共同建立科研项目, 为企业的发展提供了智力支持。学校与北京、天津、沈阳、山西的8家企业合作, 开展了普通车床数控改造、智能语音安全控制系统开发、汽修实训教学设备研发等12个研发项目, 通过这些项目的开展, 该校以与企业成功研制出电控发动机运行控制台、丰田普锐斯混合动力实训台、数控机床培训系统、协同管理考试系统、网络课程及网络实训

平台等近30种设备或系统，并将这些最新的科研成果投入企业生产和学校教学当中。例如，与太原讯普电子科技公司研发的减灾应急设备荣获北京国际防灾减灾应急救援技术与设备展览会"科技创新奖"。

（七）校企双融，共组职教联盟

要想提升校企合作育人的成效，就必须形成与企业合作办学的长效机制。为了巩固学校与大型企业之间的合作，学校每年会召开由政府、行业企业和学校共同参加的高技能人才培养专家咨询委员会年会，为企业、政府、行业协会、高校四方之间的沟通交流提供平台。该校曾牵头成立了由全省21所技工学校组成的山西技工教育联盟（集团），承办了中国机械技工教育分会工作会暨全国机械技工院校教学科研工作会议，并邀请了全国41所技工院校参会。这不仅实现了校、社、企之间的高效沟通，还促进了全国范围内各个兄弟院校之间的交流，为高职院校间教学与科研资源的共享提供可能。

（八）校企双元，共创评价模式

引进企业用人标准是提升高职院校人才培养质量的重要手段。高职院校培养人才的最终目标是为地方发展服务，因此一定要以企业、行业用人标准为指导。为此，校企可联合制定新的学生评价模式，并在此基础上对这一模式进行不断完善，最终建立起学校、行业、企业、政府、科研机构和社会团体多方参与的评价机制。通过近几年的不懈努力，该校已通过校企合作，为学校带来了丰富的教学资源，也为学生提供了许多高质量的就业机会。而企业在与学校进行合作的过程中，不仅节省了人才招聘成本，还从学校方面获得了大量的科研成果，拓展了企业发展的视野，并为企业赢得了更多的社会资源。在这种双赢局面下，校企联合对学生评价模式进行创新，能够进一步推动高职院校人才培养模式的改革，是继续提升校企合作力度、提升双方受益的重要途径。

二、提升校企文化融通

就高职院校的德育目标而言，高职院校不仅要培养出技术能力过硬的专业型人才，更要培养出道德品质高尚、具有较高人文素养的人才。而要实现这一点，高职院校必须注重校园文化建设。校园文化的建设要最大限度发挥文化的育人作用，即文化要教育人、影响人、陶冶人、教化人。在高职院校中，教师应当将学生看作"文化人"，而不仅仅是"知识人"。在这种思想引导下，教师要注意在日常教学中进行文化的介入和渗透。如果没有文化的介入和渗透，而仅仅传授技术，那么培养出来的学生必然缺乏社会实践能力。这是因为，社会实践能力的构成具有众多要素，如果仅仅掌握一门技术，而缺乏与他人合作、沟通的能力，缺乏待人接物的基本常识，没有坚强的意志、高尚的品德和较强的社会责任意识，那么当他遇到工作或人生中的困难、挫折和打击时，便有可能无法应付，并最终一蹶不振。自然，这样的学生即便掌握再高超的技术，也无法将其完全运用到社会实践当中。因此，高职院校必须将培养学生广阔的文化事业、提升学生的人文素养写入基本教学目标当中。当然，校园文化作为学校教育活动的内容和途径不是独立存在的，而是与大学生的道德情操、知识技能、思维方式、心理素质和文化结构的发展紧密联系在一起的。

高职教育校园文化的构建还应当与企业文化进行融合。高职院校是学生进入社会前的"试水区"，因此，高职院校有必要帮助学生从高中文化过渡到社会文化，帮助学生尽快融入社会。为此，应当充分发挥企业文化的聚合优势，将优秀的企业文化与校园文化相结合，全方位吸收和借助企业文化中积极向上的内容，进而提升校园文化的层次，打造校园文化品牌，使高职院校能够更好地发挥文化育人的作用。

（一）组建职业教育集团

随着我国教育事业的不断发展，逐渐出现了职业教育集团化办学的方式，且这一方式在近几年来的实践中获得了较好的成果。一些地方借助优质的职业教育资源，推动校企合作办学，并共同成立职教集团，为推动地方经济、科技、文化建设做出了重要贡献。早在2008年3月，太原技师学院围绕山西主导产业，在山西首批成立了煤炭、冶金、电力、旅游、建筑、金融、装备制造、材料与信息8大职业教育集团。这8个集团的参与成员达到267家，其中高职院校数量为62所，行业协会21个，企业168家，科研院所16个。集团成立后，以服务山西经济发展为根本宗旨，通过校企合作培养符合地方发展需求的人才,并最终实现了校企双方的共赢。例如,山西旅游职业教育集团由山西旅游职业学院牵头,与山西旅游专业院校、旅行社、酒店、景区等企事业单位共同合作进行人才的培养。山西旅游职业教育集团旨在全面提升山西省旅游产业质量,促进旅游产业与职业教育相结合,实现校企双赢。以高职院校为龙头、旅游企业为合作成员,以校企合作、工学合作、校际合作为主要形式,按照互利互惠、平等互利的原则,形成自愿参与的合作组织。该集团不具备事业单位法人资格,在山西省教育厅的指导下,开展以山西省为主要内容的教学科研合作。该集团以促进旅游业的发展为工作中心,依托山西旅游职业学院的品牌,充分调动省内旅游专业院校与旅游相关企业的参与积极性,不断对省内旅游资源及相关专业教育资源进行整合,充分发挥旅游院校在相关专业领域的人才培养优势,进而形成行业集合,多方共同努力推动省内旅游产业发展。在这一过程中,该校的人才培养质量得到了显著提升,企业在获得高素质员工后,其自身适应社会经济发展的能力也得到了显著提升,进而实现了区域内教育与经济优势互补、资源共享的良好局面,为区域旅游产业的发展打下了坚实基础。

(二)营造具有企业文化特色的校园氛围

随着我国经济发展转型的步伐不断加快,我国企业发展对人力资源质量的要提出了更高的要求。为了满足国家发展的需要,高职院校的育人目标也应当相应地做出调整。此外,校园文化建设和企业文化建设反映学校和企业的软实力,因此,高职院校建立起具有企业文化特色的校园文化氛围,对培养新时期新型技术人才具有潜移默化的作用。为此,高职院校应当加大与企业进行文化交流与沟通的力度,成立专门的校园文化建设小组,对校园文化的发展规划与建设进行统一管理。与此同时,高职院校应当与企业之间建立起密切的文化交流平台,并为高职院校学生拓宽与外界社会的文化沟通渠道,将优秀的、先进的企业文化、行业文化、社会文化引入校园,增强学生的人文素养提升意识,培养学生积极健康的职业习惯。在具体的实践过程中,高职院校可与企业联合开展各种各样的社团活动,举办展览、科技节、文化节等活动,并邀请企业骨干人员进入高校开展座谈会、演讲活动。此外,学校还可充分利用各种媒介对校园文化进行宣传,如校园网站、新媒体平台等,将优秀的企业文化与校园文化进行线上对接，在丰富校园网络文化内容的同时，也为学生营造了良好的文化生活环境。

（三）将优秀的企业文化引入高职院校课堂

高职教育的核心在于职业技能的传授，其最终目的是为了培养出能够服务一线的高级技能型人才。因此从某种程度上说，职业教育属于就业的预备教育。现如今，社会就业的竞争越来越激烈，不少企业都要求毕业生能够将自己所学的技能运用到工作岗位上，并希望这些学生在进入企业后，能够快速适应企业的管理和工作强度，进而为企业创造更多收益。这不仅要求学生掌握扎实的职业技能，更需要学生熟悉企业文化，并能够快速适应社会生活。但就现阶段来看，大多数高职院校的学生在适应企业文化和社会环境方面能力不强，这也与高职教育模式有着很大的关系。高职教育与企业文化、社会文化严重脱节，学生在毕业后自然会不适应企业的工作生活。因此，高职院校应当将企业文化与社会文化作为校园文化的重要组成部分，在课内外各个方面对学生进行渗透和影响，帮助学生从"学习者"过渡到"职业人"的角色，帮助学生扫清入职文化与心理上的障碍。

从文化层面来看，任何一种文化都是在多维变化的过程中，通过辩证、提炼、汲取和扬弃，才形成自己具有核心意义的精神和方向的。高职院校的校园文化建设也是如此，高职院校必须吸收优秀的企业文化与社会文化，并结合本校的教学理念和管理模式，进而形成学校独有的校园文化。在积极的校园文化引导下，学生的价值取向能够得到纠正，个人道德品质能够得到一定程度的提升。高职院校必须秉承"树人为本，德育为先"的办学方针，帮助学生塑造健康的心理人格和高尚的思想道德。而在高校文化育人的过程中，企业文化与教学方案相融合能够形成文化育人的新合力，在这一合力作用下，学生会逐渐学会奉献，学会提高个人学习与工作的效率，学会自主学习与自我监督，并树立起竞争与合作的意思。通过高职院校与企业间的文化交流，学校的校园文化层次可得到进一步的提高，企业能够为学校带来更为丰富的教学资源，并为学生提供更多的实践机会，这无疑解决了当前我国高职院校办学遇到的难题，为推动我国职业教育发展起到了突出的作用。

第三节 汉语言文学教育过程中的人文素养培养和提升策略

一、准确定位教师角色

高校语文课程具有特殊性,因此语文教师必须博学多才,具有很高的文学素养。对于同一篇文学作品来说,不同水平的教师讲解可能具有很大差异,高水平教师的讲解精彩纷呈,能够吸引学生的学习兴趣,而一般的教师讲解可能味同嚼蜡。由此看来,培养高水平的高校语文教师、加强高校语文教学质量是目前工作的重中之重。教学过程不应该是死板、机械的,只单调地重复教材和教案,而要注重师生的共同参与,将其塑造成动态、发展、具有个性化的过程,高校语文教学也应如此。然而在实际的教学中,许多教师的教案很长时间都一成不变,很少加入新的教学内容和教学方法,在如今教学需求日益变化的情况下,已经无法适用。而且即便教学过程偏离了原先的教学大纲,教师也都避而不谈,强制将学生的思路拉回到自己设计好的路径上来,而不是灵活地利用教学机制及时地给予学生指导,因为这样才能够确保考纲中所规定的教学重点的完成。在高校语文教学中,教师们应该及时认识到教材、教案的不同作用和重要性,根据不同的教学对象、教学目标和教学环境,打破传统的教学思维,与时俱进。

同时,对于学生的各种突发问题,教师应该有所准备,及时对学生进行辅导。如今高校生已经具备了独立的思维与理解能力,能够自主阅读和理解语文教材,因此教师不应该再将自己树立为知识的权威。在高校课程中,语文学科最具特殊性,有着浓厚的人文精神,充满了主观性和情感性,因此语文学科是极其开放的,不同的学生有着不同的思维和理解,促进了学生批判性思维的萌芽和发展。高校语文教学要大胆创新,抛弃之前的字、词、句、段的传统教学方法与任务,甚至要敢于放弃复杂的讲解与分析,充分发挥学生的自主学习能力,由学生通过查找资料的方式进行自我学习与提高。当下，高校语文教学应该重点培养学生的批判性思维，将其作为教学重点与目标，教师要转变以往的教学角色，成为语文课堂教学的谋划者、组织者、学习资源的提供者、学习任务的制定者、学习过程的监督者，亲自参与到教学创新中来，为学生搭建个性化的展示平台，提升教学质量。教师要鼓励学生养成独立思考的能力，使其具有自主能力，敢于挑战教材、挑战权威，师生在课堂上的话语权应该是平等的，要有勇气从知识的转播者转变为知识的引导者。

二、渗透传统文化，提升人文素养

文化是一个民族的血脉与灵魂，是人们的精神家园，更是国家发展与民族振兴的重要支撑。中国有着五千年的悠久历史，因此诞生了源远流长、博大精深的中华文化，在国际上引起高度重视和广泛研究。在中国很多经典的文学作品中，也有中华民族五千多年优秀的文化积淀，他们题材广泛，内容丰富，如儒家提出的"修身齐家治国平天下"，道家提出的"天人合一"，以及唐诗宋词元曲中忧国忧民、悲天悯人的伟大情怀等。这些文学作品承载了流传数千年灿烂的中华文化，并传承至今，他们凝聚着中华民族的思想，是我们优秀传统文化的根。阅读优秀的文学作品，我们不仅能感受到汉语不同于其他语言的独特魅力，更能从字里行间体会到传统文化的魅力。

高职高校语文教学的目的在于，通过国学经典教育向学生灌输传统文化的精髓，这样可以使高职学生在优秀传统文化的熏陶中感受到中华文化的魅力，从而对中华文化产生学习的兴趣。具体来说，教师可以在课堂教学中开展一些生动有趣的文化活动，向学生们讲解有关的传统文化理论，或结合最近的时政热点进行分析，提升学生对传统文化的理解。其次，学校也可以开设一些文化选修课，或建立校园文化社团，开展校园文化活动等，向学生们推荐适合阅读的传统文化书籍，这样有利于营造良好的文化氛围，吸引学生的文化兴趣。

三、立足课堂，创设最佳教学情境，提升学生学习兴趣

课堂教学是学生学习语文的主要途径，因此课堂教学的效率极为重要。枯燥、单调的教学方法会逐渐消磨掉学生的学习兴趣，使学生对语文产生抵触心理。教师应该充分考虑不同学生的学习特点和需求，结合教材内容，通过有效的方式搭建良好的学习环境，改变教学方法，激发学生的学习热情，帮助学生养成自主学习的好习惯，并能够通过独立的思考与努力获取知识。例如，在学习经典诗歌、文章的时候，可以先让学生进行自由朗读，并利用学习资料对内容进行理解，初步形成直观的认识。在学生们逐渐进入学习的状态后，教师再进行深入的讲解和补充。在戏剧教学中，可以让学生分角色扮演戏剧中的主要人物，将情节表演出来。通过这种形式，可以让学生零距离地真实参与到戏剧中去，更好地感受剧中人物的思想与作品的主旨。学习议论文时，可以先对学生分组，在不同的小组之间进行辩论，这样有利于提升学生的思维能力与语言逻辑能力，之后教师再进行适当引导。此外，在课堂教学中适当地引入多媒体教学，可以活跃课堂氛围，使教学变得更加直观、生动、形象，用图片、音乐更好地吸引学生的注意力，让他们积极参与到课堂活动中来，提升学生的学习兴趣，并取得良好的教学效果。

实践证明，在教学中，巧妙地创设情境，营造轻松愉快的课堂氛围，能够很好地激发学生的学习兴趣。只要学生有了自主学习的动力，就会在学习中努力钻研。

四、要充分利用选修课开设具有浓厚人文色彩的课程

语文教师要根据自己的特长，利用选修课的拓展性，以中华民族传统文化作为基础，对高校大学生进行人文知识的基本训练，如书法、绘画、朗诵、文学鉴赏等。或侧重于情感熏陶，或侧重于健康人格的培养，或侧重于审美情趣的引导。同时还可以开展课余实践活动，如诗歌朗诵会、演讲比赛、辩论会、读书会等，通过国学讲座、读书、讨论、参观、访问、

考察等方式积极开展活动，并以此为根基，引导高校生兼收并蓄，了解和学习世界各民族的优秀文化，创造学习的人文氛围，使人文教育既具有中国特色，又具有鲜明的时代特色。

五、确保高校语文的核心地位，发挥语文教学的人文价值

在高校语文教材的选择上，应该选择那些具有代表性、质量高的古今中外的优秀文学作品，他们在文学性和思想性上都具有较高的水准，能够通过生动的语言描写、人物刻画和情感抒发实现主题的升华，向学生们传递积极向上的价值观，对于学生性格塑造和成长成才具有十分重要的意义。此外，通过高校语文教材的学习，有利于激发学生对传统文化的热爱，从而培养学生的民族自信心和自尊；其次，还可以强化学生的母语知识技能，提升审美情趣和思想情操，塑造正确的人生观、价值观。因此，高校语文教学在学生人文教育和弘扬民族文化精神中发挥着重要的影响。

当下，高校语文教学应该紧跟社会发展的新形势，不断完善自身，以适应市场经济的发展和对人才培养的新要求，通过不同形式的课堂课外教学活动，激发学生们对学习语文的热情。在课堂教学中，教师应该发挥学生的主体作用，给予学生更多的动手、动脑、动口的机会，培养他们听、说、读、写的能力。例如，开展文艺表演、诗歌朗诵、文章鉴赏等活动，促进学生的学习主动性，培养团队合作精神和创新精神。运用多种教学方法，展现出学生的语文才华，提升语文的实际运用能力。此外，学校也可以举办有关的人文素质教育讲座、语文知识竞赛或文学作品展示等活动，以高校语文为表现载体，提升学生的人文素养，努力培养学生的人文情操。

六、以人文素质教学为语文教学中心，改进人文素质教学方法

高校语文教学在于提升学生的审美能力，培养高尚的道德情操，帮助学生建立积极向上的人生观、价值观和世界观。因此，学生需要不断阅

读、学习古今中外优秀的文学作品,在学习中提升作品的理解能力和鉴赏能力,从而能够从不同的角度看待和思考问题。所以,高校语文教学应该把人文素质教育放在第一位,这样才能更好贯彻"以人为本"的教育思想,为学生打造丰富多彩的精神生活,起到陶冶情操、感悟人生哲理的作用。将人文素质教育放在第一位,并不是说明阅读理解能力的培养不重要,反而,优秀的阅读能力的养成,能够有效地提升学生对文学作品思想内涵的领悟,让学生感受到文学作品的无穷魅力。

在传统的语文教育中,大多采用课堂讲解教材的方式,这使得人文素质教育只能在课外阅读活动中通过师生之间的读书交流或学生自己的扩展阅读才能进行,这不利于人文素质教育的发展。好的人文素质教育,一方面可以提升学生的基础语文知识能力,另一方面,也能在无形中培养学生的人文素质和自主思考问题的能力。在语文教学中,教师们不应该只局限于教材的限制,还可以根据教学过程以及学生们的教学需求适当安排一些关于人文素质的教学内容,如经典文学作品阅读交流活动,让学生们从创作背景、作者介绍、人物分析以及思想感情等角度分析优秀文学作品中的人文内涵。

同时,也可以通过动态学习的方法,将学生平时的学习表现、知识的运用、论文材料的收集等内容作为最终考核的依据,这样有利于培养学生对于人文素质教育的兴趣。

七、学生自身应该提高对高校语文的重视

高职院校毕业生未来将会在我国物质文明、精神文明建设的第一线工作,因此,他们文化素质的高低会对社会的认可程度产生直接的影响。目前,很多高职学生阅读质量低,没有受过良好的人文素质教育,这在一定程度上限制了他们的想象力、创作力和思维逻辑能力,写作水平也显得捉襟见肘。因此,高职学生们要提升阅读量,不断扩充自己的知识范围,为将来的工作奠定基础。

与本科院校的学生相比,高职学生在专业知识学习的深度和广度上都要略逊一筹,但实践能力的要求比本科学生更高。因此高职学生首先要从自身做起,不断提升自己的学习和实践能力,这样才能克服学习中的困

难，提升人文素质。

而丰富、扎实的高校语文学习，不但可以强化学生的听、说、读、写能力，更能对学生的专业学习和理解起到一定的指导和辅助作用，帮助学生深入理解专业课知识，以便更好地适应社会需要。

在高校语文教学中也包括了许多传统学科，涉及传统文化的很多方面，并且各个学科之间互相渗透、互相融合、互相促进，因而实现了高校语文与专业课的共同发展，使之成为培养具有人文素质的新型社会人才的有效途径。

八、转变教学模式

（一）形成以"读""议"为中心的教学模式

高校语文教学课程安排较少，因此教师在课堂教学中很少能够给学生留出时间进行自由阅读，通常会"以析代读，以析代议"，这种教学方法不利于学生深入理解文章的思想内涵，久而久之会消磨学生对语文的学习兴趣。因此，要及时改变这种教学方法，要求教师在课堂中给学生留出充足的时间进行自由阅读，如果是诗词教学，还要进行朗诵，通过各种形式的"读"，让学生进行个性化阅读体验，将自己的感受融入诗词中，体会作者想表达的思想感情等，从而发扬作品的优秀人文精神，培养健全的人格和高尚的情操。

（二）形成以小组为单位的研究性学习模式

以"读""议"为中心的教学模式要发挥出最大的作用，需要所有的学生积极参与进来。一方面，语文课程安排有限；另一方面，不同的学生之间因个人素质、学习能力的不同而呈现出巨大的个体差异。如果以学生个体为单位，那么语文教学无法兼顾到所有学生，因此建立学习小组就显得十分重要。高职院校的学生普遍具有竞争意识，通过组与组之间竞争，既能够保证发言的质量，也可以锻炼他们的团队合作意识。

九、坚持以学生为本，整合和优化教学内容

高职高校语文教学要始终坚持以学生为中心，将语文的基础性和高职的专业性相结合，把语文教材的有限性和语文教学的开放性相结合，根据所教学生的专业性质，密切关注市场对这类人才的能力需求，让教学目标更好地契合于学生的就业需求，重点培养学生听、说、读、写能力，提升教学质量。

此外，还应该注重学生个性的培养以及兴趣的激发。例如，针对高职英语专业的特点，在教学中贯彻民俗文化、西方文学及中西方文化比较的内容；针对机械、信息类专业的学生，让其多训练实习总结、实验报告、说明介绍等应用文的写法等等。只有让学生真正了解高校语文课程的学习对帮助他们专业的提升具有重要作用的时候，他们才会主动产生对语文学习的兴趣，变"要我学"为"我要学"。

十、更新观念，建立科学的、可操作的人文素质评价标准

在高校语文教学中建立科学可操作的评价标准，既有利于检验教学中素质教育的实施效果，又可以促进素质教育的高质量发展。只有构建起科学的评价标准，高校语文教学成果才能得到精准的判断，发挥出评价标准对学生语文学习的积极导向作用，进而推动语文教学健康发展。根据教学大纲"以过程性考核为主，终结性考核为辅"的原则，评价标准的建立可以有效改善学生平时不努力学习、期末"临时抱佛脚"的状况。

教师应该以专业分类为范围，对学生的听、说、读、写等能力进行综合评价，以达到"能听、会说、善读、能写"的目标，培养基本的语文应用能力。此外，教师也可以将学生的日常作业、阅读笔记、定期作文周记、课堂讨论、演讲、课外社团活动、参赛获奖等作为评价的标准，与之前的评价标准结合起来，实现对学生的综合评价。

第四节　高职学生汉语言文学教育的创新模式思考

一、高职语文教学的课程改革

(一) 高职语文教学的改革思路

1. 明确整体教学目标，树立专业教育服务理念

语文是高校教育体系中的重要一环，是一门具有综合性教育功能的课程。高校语文教学以汉语为媒介，主要学习古今中外优秀的文学作品，因此具有明显的人文性。根据相关的调查结果，高校语文课程的学习可以有效提升学生的文学素养、培养学生的汉语表达能力和交际能力。特别是对于即将进入社会、参加工作的毕业生来说，越扎实地掌握汉语基础知识，就能越快地适应岗位需求，实现从学校向社会的过渡。因此，高职院校必须重视大学语文教学的重要性，将提升学生的语文能力作为大学语文教学的核心，以促进学生全面发展为宗旨，实现大学语文教学的创新与改革。在培养学生语文能力时，高职院校应该注重强化学生文字和语言能力的培养，不断改变教学思维与方法，通过创新方式的应用，使学生逐步掌握语言知识的实践运用能力，提升学生的学习效果和人文素质。在促进学生全面发展方面，要深入细化高校语文教学目标，采用以基础知识传授为主、实践指导为辅的方式，促进学生学习的积极性，进而实现教学整体成效的提升与学生的全面发展。

2. 重视教材的建设，提高教学内容的时代感

目前，高校教育改革正在稳步推进中，高职语文教学改革不能仅停留在构建完善的教学体系上，还要注重培养学生的知识性和文化性思维方式，根据学生们的学习需求，编写科学、规范、合理的教材，并通过创新式的教学方法，赋予课程全新的生命力，实现高校语文教学课程的现代化

建设。此外，高校语文教材除了中国传统文学作品外，还可以加入一些古今中外的励志性书籍，如莫言、余华、刘震云等现代当红作家的作品，这样可以增强语文教材的文学性，更好地适应当代学生的审美体验和思维方式，同时也体现出了语文学科良好的人文素质。通过这些内容的学习，学生可以树立正确的价值观，养成良好的学习态度，更有效率地完成语文课程的教育任务。在增强语文教材内容时代性方面，可以在原有的教材内容的基础上，多开设几门相关的选修课程，以适应不同学生的学习需求，如名著鉴赏、外国文学阅读、演讲与辩论等，将专业课程知识和选修课程结合起来，起到互相促进、互相融合的作用，提升学生的语文能力和交际能力，实现对学生综合素质的培育。

同时，要及时关注字词和语义的时代变化。前不久，《新华字典》第12版修订版正式出版发行。70年来，《新华字典》一直秉承"让读者利用这本字典，对祖国语文词汇能得到正确的理解，并且知道词汇现代化和规范化的用法，在书面上和口头上都能正确运用"的理念，通过不断修订，及时反映社会语言生活变化和语言研究的新成果，贴近时代，满足广大读者需求，指导语言规范。新词新义的增补体现时代风采，如本次修订新增的"初心""工匠精神"等词语，不仅使用频率高，而且是当前大力提倡的精神品质，社会共识度高。"青蒿素"的发现与科技创新，不仅有效降低疟疾患者死亡率、为人类健康事业作出贡献，同时还为中医药科学赢得国际声誉。字典收录这个词，不仅是增加一条知识性注释，也是希望激励读者求知奋进，激发年轻人对祖国的热爱。新词新义的增补还体现互联网时代特色，如"秒"这个字，在网络游戏领域出现"秒杀"一词，指在极短时间内实现目标。由于见词明义的构词和生动、形象、新颖的表达，其语用范围迅速扩展，语义很快被引申泛化，类推产生"秒传""秒懂""秒回""秒赞"等大量词语——凡是瞬间或在极短时间内完成的动作行为，都可以用"秒"加相应动词语素来表达。对此，《新华字典》第12版予以立项释义，并对例证"秒杀"括注释义。再比如"点赞""二维码""截屏"等具有鲜明网络语言特色的词语也被收录。

语言首先是一种符号系统，它为言语共同体建立了一种统一的精神世界，并为所有相同的实在符号化建构了思想。其次，语言又是一种行为手段，它可以创造出新的实在，改变对话双方以及他们谈论的世界间的关系，其言说预设了社会的差异。最后，在语言的启示功能中，它又创造了一种新的思想，认为符号不再等同于真实对象，而转变为新产生的各种观念、思维、未知的影像以及经验新奇的影像。我们能够通过语言创造可能时间和虚拟的世界，这正是语言的诗的功能和魅力所在，也是语文教学的根本所在。如今，语文教学正面临着前所未有的改革，广大的语文教育工作者应该认识到，语文教学要建构一种由"语言使用者"的意图、社会背景、心理状态、言语行为，听话人的解释与交流，以及权力、接触、情感、交谈方式等共同构筑的可贵的生命状态与精神家园，这是掌握语文教学灵魂的关键。

3. 革新教学理念和方式，增强教学职业性

目前，高职院校大学语文课程教学改革并没有取得较大的成果，主要是由于大学语文教学还采用的是传统的教学方式，教学观念和方式的落后，使得大学语文教学严重脱离现实需要。因此，大学语文课程教育改革必须从根本上转变教育思维，改善落后的教育方法，与时俱进，这样学生才有动力接受教学内容，并主动地配合教师完成教学任务。首先，大学语文课程应该逐渐摒弃教师单一传授的教学方式，注重学生在学习中的主体地位，鼓励学生更多地参与到教学中来。例如，可以采用探究式的教学方法，减少课堂教学中教师的讲解时间，为学生布置有深度的问题，增加学生自主思考的时间，通过教师的引导和启发，激发出学生的学习主动性，培养学生善于思考和学习的能力，以取得良好的教学效果。其次，课程教学改革落到实处，形成长效机制来培养学生的创新创业能力。

（二）以"语文素养"为核心的课程改革

1. 以能力素养为核心设计课程

"素养语文"课程的理念是在培养学生人文素养和综合能力、避免培养"工具人"的认知的基础上提出的，要求以学生为主体，以能力素养为中心，既注重语文能力训练又关注综合素养培养，为学生终身发展服务。因此，"素养语文"课程设计要打破过去单一的知识型传授方式，向着以综合素养和能力为中心的多元化、立体化的教学方式转变。以可行性的"活动任务"为载体，保障学习主体的自主参与、建构与反思，优化学生知识、能力与素养结构，使学生成为一个完整、和谐的人，为高职院校培

养高素质技能型人才奠定基础。

根据教学内容的需要,编写配套教材《素养语文》,改革内容设计,从作品鉴赏、任务与能力素养训练两方面入手,培养学生的人文素质,关注大学生的生命姿态与精神欲求,探求从文化视野层面寻找能力素养与终身发展的最佳契合点。

2. 以学生为主体设计活动任务

强调学生主体视域体验下通过任务建构认知。教学内容的设计与安排,要始终以学生为中心,关注学生自身的感受与理解,并不断发掘学生内在"独我"的潜力,展现当代学生的生命力,通过语文教学实现自身价值,这是学生内心的终极渴望。因此教学内容的设计要适应学生自主学习和思考讨论的实际需求,在学生主体的视角下感知教学方法,进行教学活动,获得学生们的认可。在学生的自主选择与认同中,实现能力训练与职业素养培养的相互结合,可以体现出在学生主体视域下的知识建构特点❶。学生的认识主体作用要通过教学过程实现,并与教师的指导作用融为一体。在教学中,要鼓励学生充分发挥自己的主体学习能力,获得新的知识与技能,这样可以提升学生的成就感与满足感,更好地体现学生的主体地位。

3. 建立多元化考核评价

对于学生学习成果的评价不能仅凭借一张期末考试的试卷定成败,而要建立起多元化、多层次的考核体系,根据学生在完成教学活动任务的过程中表现出来的综合素质能力进行评价。根据学生全过程的整体表现,可以建立有效的监督机制,促进学生的自省性、自觉性,从而有效提升学生的语文能力和人文素养。建立过程性考核和期末考核结合的考核评价体系,能够将过去仅凭成绩评价转变为以完成教学过程中学习任务的能力素养为主导的多元评价。其中,过程性考核占总成绩的60%,具体内容主要有学习态度、出勤率、课堂表现、综合能力素养(思维、表达、合作、策划、创新、组织协调、品德素养等);期末考核占总成绩的40%,具体内容主要有语文基本知识、写作能力、阅读能力、综合能力素养等。在考核

---

❶ 董子蓉. 基于主体间性导向的教育理论与实践互动研究[J]. 教育评论,2016(2):136-138.

形式上，也多种多样，如作品展示、情景表演、课件制作、文案作品汇报、笔试、口试等。

（三）"六位一体"课程模式

随着社会经济的不断发展，人才的重要性在当今社会逐渐凸显出来，各行各业对人才的需求越来越大。因此在这样的背景下，高校人才培养体系应该与时俱进，适应社会发展的需要。如镇江高等职业技术学校主要是为社会培养实用性人才，与其他学术性的学习有着本质的区别，在学生的实践性、实用性、社会性方面有着较高的要求。"六位一体"的课程模式正是在这一背景下提出的，语文作为高职院校一门重要的基础性科目，其目的在于提升学生的文化修养和人文素质，这对于学生的成长成才是十分重要的。本文将就镇江高等职业技术学校在"六位一体"背景下对语文的教学进行改革作出探索。

社会生产生活的发展离不开"新鲜血液"的不断涌入，因此，学生实践技能与能力的培养、对就业岗位的适应程度应该得到应有的重视，却逐渐出现重能力、轻知识的现象。而语文教学目前正面临着被逐渐边缘化的尴尬境地，语文教学不受重视，这使得学生的语文水平和人文素质得不到有效提升，在进入社会后缺乏核心竞争力，无法胜任岗位工作。因此，语文教学改革已势在必行，必须要坚持以职业岗位需求为导向，技能培养为目标，结合形成性与终结性考核，对语文教学进行全方面、立体化的改革。

"六位一体"教学模式在高校语文教学中的体现在于：职业能力需求分析、职业能力目标（包括职业技能和相关素质目标）、职业能力训练项目、职业活动素材、"教学做"结合、形成性考核。以教学对接就业为核心，将这六方面进行系统整合、有机统一。

"六位一体"教学模式需要多维度、多层次展开，实现课堂教学方式多样化，以提升课堂教学趣味性、提高学生语文综合成绩为主要目的，并结合实践需要、教学内容、学生特点等方面，将语文教学与口才锻炼、演讲能力、写作能力、逻辑思维能力相挂钩。

首先，要转变教师单一的"灌输式"教学方法，鼓励学生进行积极深入的"问题式"探索。根据新课改的要求，在课堂教学中，教师应该扮演引导者和研究者的角色。具体来说，教师可以根据具体的教学进程和学生的学习需求，设置相关的问题，让学生自由分组，在课堂或课下查阅资料，通过自主式的探索和学习解决问题。在这个过程中，学生之间要积极地交流，表达每个人的见解与看法，并发挥自身所长，通过组员之间的合作更好地解决困难。或者也可以采取逆向思维的方法，将一个大的难题分为具体的几个问题，一步步进行引导，思考可以从多方面入手，正确的出发点在解决问题的过程中十分重要。一旦选定了合适的研究方向，就要努力探索，坚持不懈，最终克服困难，建立一套完整的体系，最后小组间再展开讨论，进行交流与总结。这样的课堂教学方式既可以高效地完成教学目标，也能在很大程度上锻炼学生的思维能力、语言组织与表达能力，以及增强学生之间团结合作的精神，并激发学生的参与积极性，提升教学过程的趣味性。

其次，也可以举办一些丰富多彩的文化比赛活动。在高职院校，专业技能课程占了绝大部分，而语文课程又非常有限。因此，丰富有趣的课外文化活动可以激发学生们的学习兴趣，提高语文素养。例如，可以在学校开展校园文化艺术节，举办诗歌朗诵、书法绘画比赛、演讲比赛、社团活动等。

（四）高职语文模块化教学改革

1. 高职语文模块化教学改革的主要特征

（1）强化高职语文的人文性

高职院校人才培养应该注重学生的适应能力，帮助学生树立终身学习的目标。同时还要教育学生善沟通、敢表达，能合作、奉献，能创造、敢实践，养成良好的责任意识。敬职敬业、讲诚信、有道德，这些都属于人文素质教育的范围。高职语文的教学改革，要是要通过语文教学，将学生的人文素质培养与课堂教学结合起来，在强化语文知识技能的同时，也不断提升学生的人文素质教育，更好地适应高职教育的发展需要与改革创新。高职语文教学是培养高职院校学生人文素质和人文精神的重要途径，因此要肩负起学生成长成才、走向社会的职责，通过高职语文教学提升学生的综合素质和核心竞争力，帮助学生树立终身学习的意识，为他们毕业后走向社会奠定正确的人生观和价值观。

(2) 强化高职语文的职业性

高职语文教学改革要始终以语文专业教学为基础,通过不断地创新和实践,更好地适应不同专业、不同学生对语文学习的需求,只有这样才能将专业知识与语文学习紧密结合起来,在潜移默化中锻炼学生的敬业心、责任心,养成稳定的工作情绪,这样才能适应岗位职责,让学生体会到语文学习对其专业知识的学习和专业素质的养成有着极大的帮助和推动作用。通过这样的方式,学生的学习兴趣和积极性就会被极大地激发和调动出来,教师的课堂教学也会更具针对性和目的性,教学效果会更加显著。

(3) 强化高职语文的实践性

高职语文教学改革,还可以将课堂与课外、第一课堂与第二课堂有机地结合起来,将传统的语文课堂搬到大自然中,近距离地走入职场、社会中去,在现实中真实领略语文教材中学到的自然风光、风俗人情、人文景象等,让学生身临其境地体会到语文课程的魅力,提升学生对语文教学的积极性和认识,并获得充足的满足感和成就感。同时,还可以形象地展现出高职语文教学的人文素养与职业能力,增强高职语文教学的实效性,提升教学效果。

2. 高职语文模块化教学体系构建

将语文的听、说、读、写四大能力与职业能力中的理解欣赏能力、表达沟通能力、阅读审美能力和文字写作能力相对接,将高职语文教学分为阅读鉴赏、口语训练、应用写作三大模块,并按照四种能力的由浅至深分配到大一、大二的四个学期中(选择高职语文"人文性"的代表课程"经典名篇赏析"和"职业性"的代表课程"应用文写作与职场语言艺术"等作为必修课安排在第一学期和第三学期中)。其次,按照语文教师各自的特长,开设符合高职院校学生学习需求的选修课,同时开展一系列相关的文化活动,丰富教学实践,提升教学成果。

(1) 基础层次——凸显母语本质夯实人文基础引入模块化教学理念,整合现有的优秀教育资源。将传统语文教学中包含的人文思想引入高职院校的语文课堂教学中,并将其作为基础,与中国传统优秀文化和西方文化发展联系起来,展现在文化发展进程中人类创作的凝结了高度审美情趣、社会价值道德以及思维方式等的优秀文学作品。在语文课堂教学中,师生可以共同感受和领略这些优秀作品的艺术内涵和精神魅力,塑造积极向上的人生观、价值观和世界观，培养学生的人文修养，养成高尚的人格气质和处事习惯，促进学生全面发展。同时还要对现有的高职语文教学资源进行更新与整合，以不同专业学生的特点和学生的不同能力素质需求为核心，设计不同的教学模块，提高高职院校语文课程与学生今后职业生涯的关联性，从而调动学生学习的积极性，培养学生的自主学习能力和动手实践能力。

（2）提升层次——彰显高职特点提升职业素养引入模块化教学理念，突出高等职业教育特色。以高职教育的人才培养目标为引领，渗透职业教育理念和职业教育思想，体现职业教育的价值取向。主动融合职业教育中的德育教育，突出以学生为主体的教学导向，激发学生内在的主体精神。充分利用模块化教学的优势，以应用文写作模块和职场沟通模块为平台，围绕听、说、读、写四项能力，通过高职语文教学，将基本的听、说、读、写能力积极主动地向职场沟通、职场协作和职场礼仪方面过渡。以能力培养为引领，带动知识传授和素质养成，多角度、多方面、全过程育人，真正做到通过高职语文教学切实推动学生职业素质和职业能力的提升。

（3）拓展层次——开设选修课程拓宽知识层面，引入模块化教学理念，拓宽人文艺术知识范围。高职院校要注重职业技能培养与人文社会科学教学的结合，双管齐下，这样才能使高职院校的培养更符合学生与社会的需求、满足当代企业要求的复合型人才，而单一的高职语文教学无法培养出具有人文社会科学知识储备的复合型人才。模块化的高职语文教学方式，可以树立大语文教育理念，通过开设交际与口才、传统文化、名人传记导读、影视作品欣赏等公共选修课，可以提升学生的学习兴趣，满足学生的语文专业学习需求。积极参加大语文课程学习，并有针对性地涉猎历史、社会、哲学、美学、人文等方面的知识，能够提升学生的人文素养，提高学生审美鉴赏力和美学创造力。

（4）实践层次——对接第二课堂体验语文实践引入模块化教学理念，加强第一、第二课堂关联对接。开展语文综合实践活动，形成自主、合作、探究的学习方式。加强学科内外的联系，让学生在特定情境下进行模拟训练，以专业职业角色学习语文知识和技能。通过与团委、学生会、学生社团等学生组织联系，开展以语文能力训练为目标的各种比赛，如演讲比赛、朗读比赛、辩论赛、话剧小品表演大赛、专业知识问答竞赛、征文比赛等校园文化活动。在开展第二课堂的实践过程中，渗透、灌输和涵养学生的人文精神和人文情怀，培养学生表达、沟通、合作、营销的意识，锻炼学生阅读、朗读、演讲、辩论的能力，进而引导学生养成自主、探究、分析、规划的职业能力和职业素养。在学生拥有良好的人文素养的同时，让学生具有良好的职业人文素养，具备基本的表达、交际、协调、组织等职业基本能力，让学生懂得做一个合格的人，也懂得做一个合格的职业人，真正达到高职人文教育的培养目标。总之，人文性和职业性相融合的高职语文模块化课程改革是高职语文教学改革的重要方面，是检验高职语文教学质量和水平的重要手段。新时代高职语文教学改革应当走在高职院校公共基础课教学改革的前列，需要得到各高职院校的充分重视并在政策、手段等方面给予积极的支持和帮助。高职语文模块化教学应该成为一种模式，并搭建一个体系，从课程设计、教学手段、教学模式、教学转化等多方面进行充分的论证和研究。

二、信息技术背景下的高职语文教学改革

随着网络技术的快速发展，以互联网技术为基础的高职院校语文课程改革也在逐渐推进，出现了如慕课、微课等多种新形式的网络在线教育模式，这对于高职语文教学改革既是挑战也是机遇。语文课程是高职院校的公共课，对于培养学生的人文素质、提升人文思想、健全人格、建立正确的人生价值观有重要的作用，同时有利于提升学生的职业竞争力。互联网信息技术的发展为学生提供了丰富的学习资源，高职语文教学可以开阔学生们的文化视野，提升人文素质与审美情趣，在潜移默化培养文体意识和文体个性的同时，也能有效地激发学生的学习兴趣与积极性，这两者应该是相辅相成、相互促进、相互融合的关系，为提高学生的职业综合竞争能力而有机融合。

（一）新媒体的运用

新媒体是指在电视、报刊、广播等传统媒体的基础上借助互联网技术的发展而产生的新的媒体形式，他们可以通过网络、无线通信以及卫星等

现代技术快速、高效地更新自身内容，加速了信息传播，开拓了人们的视野。新媒体主要有智能手机、平板电脑、网络电视和数字报刊等，不仅丰富了人们的日常生活，给人们带来了更多的消遣和娱乐，更提高了人们的工作效率，加速了社会的发展。因此，高职院校语文教学也应该利用新媒体的优势，与时俱进，进行创新与变革，不断丰富教学内容和教学方法，增加课程的深度和广度。所以高职院校以新媒体技术发展完善语文课程教学是紧跟时代发展的必然趋势。

（二）传统课堂与微课堂相结合

近年来，虽然有人提出了以学生为课堂主体的进步的教育理念，但传统的以教师为主体的授课方式依然深入人心，这使得学生无法很好地融入课堂教学，导致教学效率低下，教学效果也不理想。传统的教学方式固然存在着一些问题，但目前也不能全部摒弃，要将其与新兴的互联网技术结合起来，改善落后的教学方法，变传统为创新，紧跟时代发展的潮流。在互联网的背景下，网络中存在着各种各样的学习资源和网络学习平台，他们为传统的课堂教育带来了便利，提升了教学效率，因此深受教师和学生的欢迎。在传统的课堂教学中，一个班级内学生的学习能力、学习的主动性、知识的接受程度等都有很大差异，而教师又要兼顾整体，因此很难顾及每个学生的学习状况。但在网络学习平台中，学生可以根据自身情况选择适合的学习资源，如学生可以针对自身某一知识模块的欠缺，在互联网中专门寻找这一模块的学习资源，进行强化训练。但这种方式需要学生具备很强的自主学习能力，并且比较碎片化，难易度可能不适用于所有学习者。

目前在高职院校的语文教学中，有些学校已经将教材中生硬而难以理解或枯燥的知识以微课程的形式展现出来，便于学生利用模块化的时间随时随地学习，使其对其中难以解决的问题，可以反复钻研，这样既节约了学习成本，也增加了学习的挑战性和主动性，有利于培养学生自主学习和持之以恒的能力。同时，教师可以在微课平台上与学生互动，学生也可以通过微课平台向教师提出问题，或与其他同学、教师展开讨论，这促进了师生关系的良好发展和学生们团结协作的精神，有利于提高教学效果。这是一种理想的教学模式，但目前对于大部分学校还不太适用。

（三）翻转课堂模式

翻转课堂教学模式最早起源于西方国家。两位化学教师为了帮助缺课的学生尽早赶上教学进度，于是制作了许多多媒体课件提供给学生观看。在这个过程中，两位教师发现观看教学课件可以很大程度上减少课堂时间，并做到重点突出，对于难点的突破也十分有利。目前，我国在翻转课堂的实际应用方面还存在着一些问题，主要在于这种模式在高职院校内使用率不高，还无法引起师生们的足够重视。高职语文教师过于关注对学生基础理论知识的强化，却忽略了教学过程中的合理互动。单调枯燥的学习环境压抑了学生们的学习热情，从而也就降低了学习效率。另一方面，翻转课堂教学要想实现大规模的普及，应该具有较强的合理性、规范性以及科学性，然而在实际应用中，大部分教师还难以适应这种教学模式而不得不又采用传统的教学方式，因此并未给课堂教学带来较大的创新，也无法有效提升学生的语文核心素养。

1. 翻转课堂教学模式的内涵与特点

翻转课堂教学模式出现在20世纪90年代，最初由哈佛高职物理教授埃里克·马祖尔提出，并根据其构建的同伴互助教学法发展而来。翻转课堂教学模式具体指在进行正式课堂学习之前，学生可以先利用教师发布的电子教材进行自主学习，之后在课堂上有针对性地提出问题，由教师或其他同学进行解答，或者师生共同谈论解决问题。翻转课堂教学模式主要以师生间的互动为基础，并做到练习的一种优良的课堂教学模式。目前，在我国大部分高校教育中，很多教育工作者开始关注翻转课堂教学模式，并进行了相关的研究。但总体上来说，这一教学模式依然只存在于理论研究当中，只有部分院校引入并进行了试点，且大部分为理工科类院校，翻转课堂的应用还有很长一段路要走。

学生如果想学好语文，获得不错的成绩，就必须按时完成教师布置的作业，对语文材料进行重复的认真学习，并在学习过程中提升学习效果。目前，大多数高职院校所安排的语文课程都是比较少的，在有限的学习时间内既要完成教师的作业，又要进行自主式的学习，这对于部分学生是很有难度的，而教育技术的发展为学生在课外学习语文提供了无限可能，使学生既可以在课外随时随地学习语文，又能在课堂上得到语文知识的训练,因此翻转课堂教学模式在高职语文教学中具有显著的优势。与传统的课堂相比,翻转课堂更加注重提高学生学习的灵活性,以及尽最大努力对学生的高层次思维能力与协作交流能力进行培养。研究调查显示,翻转课堂在强化学生语言水平和交际能力方面比其他的教学模式具有巨大的优势,但在高职语文中如何正确使用翻转课堂,如何让翻转课堂的效用得到充分发挥还有待进一步研究。

2. 高职语文翻转课堂设计策略

(1) 分析语文学情。传统课堂教学比较注重将学生教好,但翻转课堂教学则比较重视如何让学生学好。所以在对语文教学进行翻转课堂的设计时,第一需要做的就是展开语文学情的分析。对班级学生的语文学习动机有一定的掌握,并知道不同学生的语文学习能力以及学习语文所用的策略等。可以运用调查问卷的形式来了解当前班级学生对网络自主学习语文的看法,通过分析问卷数据来观察学生的网络学习条件信息素养,在一定程度上了解学生的网络资源检索能力与自我导向的语言学习能力的具体情况,做好采取翻转课堂教学设计的前期准备措施。

(2) 对教学流程进行重构。"先学后教、以学定教"是翻转课堂教学模式中的最为关键的理念。第一,可以通过不同的方法检测学生对词汇短语的掌握程度,如能够运用翻译、造句以及题目等形式;第二,教师可以对学生进行提问,了解学生的学习情况,并根据学生的回答了解目前语文教学存在的难点,并有针对性地进行分析解答;第三,教师可以在课堂中举行辩论会,将学生分为几个小组,提出不同的问题进行辩论,最后由教师和学生互相评价。通过这种方式可以锻炼学生的自主学习能力、语言交际能力以及思维判断能力等。在课后,教师也可以要求学生背诵教材中的经典段落,或用自己的语言复述,让学生将课堂知识运用到实际生活中。同时,教师还能让学生分享自己的学习成果,制作成微视频等形式与其他同学交流。

(四) MOOC 混合式教学

1. MOOC 的内涵、特点及局限

MOOC 是大型在线开放课程的英文缩写,慕课最初起源于美国,是互联网技术发展与教育相结合而产生的一种新型的教学模式。和其他在线教学平台相比，MOOC最大的优势在于它的开放性和自由度，可以突破时间和空间的限制，在任何地方、任何时间，只利用网络就能进行学习，并且具有相当丰富的学习资源，可以满足不同学生们的学习需求，为学生们提供了更多的自由选择，充分利用了学生们的碎片化时间。但另一方面，MOOC也具有一些缺点，传统课堂教学围绕教材，教师主讲、学生接受，学生学习完全是被动灌输，但优点是教师讲解深入，学生可以直接学到系统的知识。MOOC碎片化时间的学习，也使得学习内容易碎片化，不利于整体接受和学习。教师利用MOOC平台可以掌握学生的学习进度，参与到每个学生的学习过程中来，并对其进行有效的监督。MOOC的运用一方面可以激发学生们的学习兴趣，让学生成为学习的主体，进行自主式的学习，但另一方面，对于长期接受传统教学模式的学生来说，一时还无法适应新的教学方式，在缺少有效监督的情况下，很难有效率地进行学习，也就达不到应有的学习效果。

2. 高职院校语文教学中的 MOOC 混合式教学

在高职院校语文教学目标中，提升学生的文学鉴赏能力是最重要也是最难达到的部分。教材中的每一篇文章都是经典之作，作为承载民族精神文化的载体内蕴含着民族特色和深远意涵。如何使学生充分领略其内在蕴涵和审美价值，深刻认识中华文化的本质，并且在阅读过程中实现知识的整合、反思、迁移，最终形成鉴赏能力，是高职院校语文教学的使命。鉴于基于MOOC的混合式教学模式的优势，很适宜将它引入高职院校语文的教学中。该模式的设计将从教学形式、教学资源、教学过程、教学评价体系四个方面进行。

立足MOOC的高职院校语文混合式教学模式最大优势就在于教学形式的创新。这一模式改变了传统的单一课堂教学模式，是一种贯穿整个教学阶段，立体化、多元化的新型教学模式，其主要涉及课前、课中、课后三个阶段。(1) 课前教学设计主要体现在线上。在MOOC平台中，可以进行微课展示、下载学习资源、预习本节学习要点等，在课前做好准备工作。(2) 课中教学设计主要体现在线下课堂。针对教学中的难点，可以组织学生分组讨论，最后由教师讲解归纳，和学生一起完成知识的整合和教学反思。(3) 课后教学反思和拓展主要体现为线上课堂。如果课堂中还有尚未解决的难题，那么课后学生可以利用空余时间搜集资料，设计课后测试，并对学过的知识进行巩固和复习,进入深层学习阶段。

语文学科具有工具性和人文性。传统的语文教学将语文定义为一种交流的工具,而忽视了其内在的人文素养培养。高职语文教师不仅要锻炼学生基本的语文能力,还要培养学生的文学鉴赏能力、审美能力等,提升学生的人文素养,使高职语文教学成为传承中国传统文化的重要途径。而新媒体技术的运用有利于这一目标的实现,因为在新媒体学习共同体这样一个开放、自由的场域之中,通常很难对其讨论的内容、目的加以严格限制。而且由于缺少刚性的课题纪律和学习目标,通常很难落实诸如背下某一首诗歌、学习某种应用文这样的"工具性"的、"硬性"的学习目标。而海阔天空、饶有趣味的聊天,针锋相对、你来我往的讨论,似乎更适合它。因此在新媒体学习共同体中所进行的大学语文学习活动,不适合将目标定得太实、太死,不必拘泥于其工具性价值。激发学生对语文的兴趣,培养阅读、思考习惯,就人生、社会、自然的某些问题进行探讨,以提高学生的人文素养,应成为其价值归宿。

参考文献

[1] 唐林伟. 高等职业教育文化研究述评 [J]. 黑龙江高教研究, 2011 (10).

[2] 魏俊玲, 卢春艳, 周军. 浅谈高校大学生人文素质的培养和教育 [J]. 中国校外教育, 2009 (1).

[3] 刘世虎, 杨海英. 高职院校校园文化建设浅谈 [J]. 辽宁高职学报, 2003 (1).

[4] 周建松. 高职院校内涵建设研究 [M]. 杭州: 浙江大学出版社, 2006.

[5] 杨么英. 浅析高职院校特色校园文化建设 [J]. 西北医学教育, 2005 (3).

[6] 张新民. 高等职业教育理论构建 [M]. 长沙: 湖南人民出版社, 2010.

[7] 代祖良. 高等职业技术教育体系的构建及其对策研究 [D]. 昆明: 昆明理工大学, 2002.

[8] 陈云涛. 构建校企融合的高职教育文化体系 [J]. 教育与职业, 2011 (29).

[9] 蔡劲松. 大学文化理论构建与系统设计 [M] 北京: 文化艺术出版社, 2009.

[10] 王爱平. 高等院校的校园文化建设 [J]. 人才开发, 2001 (1).

[11] 徐柏才. 建设特色校园文化培养高素质合格人才中南民族大学学报 [J]. 2007 (1).

[12] 赵文明. 中外企业文化经典案例 [M]. 北京: 企业管理出版社, 2005.

[13] 刘洪一. 中国特色高职文化的建构与实践 [J]. 中国高教研究,

2008（12）.

［14］杨超. 高职院校校园文化建设刍议［J］. 长沙民政职业技术学院学报，2003（9）.

［15］方晓红. 高职学生职业道德教育探索［J］. 中国职业技术教育，2002（6）.

［16］赵中建. 学校文化［M］. 上海：华东师范大学出版社，2004（10）.

［17］米靖. 中国职业教育史研究［M］. 上海：上海教育出版社，2009.

［18］喻小燕，谭立新. 高职院校和谐校园文化建设探析［J］. 中国成人教育，2007（2）.

［19］谢长法. 中国职业教育史［M］. 太原：山西教育出版社，2011.

［20］温景文. 建设高职特色的校园文化［N］. 光明日报，2005（8）.

［21］靳润奇，池卫东，邓晓红. 高职院校行为文化建设刍议［J］. 教育探索，2007（8）.

［22］杜永兵，黄旭伟，葛扬瑛. 高职院校校园文化及其建设途径［J］. 职业技术教育，2007（11）.

［23］刘鸿武. 人文科学引论［M］. 北京：中国社会科学出版社，2002.

［24］黄跃琛. 高职院校校园文化建设初探［J］. 福建信息技术教育，2007（1）.

［25］中国高等教育学会. 改革开放30年中国高等教育发展经验专题研究［M］. 北京：教育科学出版社，2008.

［26］穆晓霞. 高等职业教育的探索与创新［M］. 南京：南京师范大学出版社，2009.

［27］赵红深. 高职院校多元文化冲突与对策［J］. 教育与职业，2012（5）.

［28］周建松. 高等职业教育的逻辑［M］. 杭州：浙江大学出版社，2011.

[29] 刘献君. 专业教学中的人文素质教育 [M]. 武汉：华中科技大学出版社，2003.

[30] 万碧波. 高职教育教学理念与模式创新 [M]. 镇江：江苏大学出版社，2008.

[31] 陆有铨. 关于学生人文精神的养育 [J]. 教育学报，2005（12）.

[32] 张德，吴剑平. 校园文化与人才培养 [M]. 北京：清华大学出版社，2001.

[33] 高焕祥. 人文素质教育：理念与实践 [M]. 北京：社会科学文献出版社，2006.

[34] 陈恰. 教育的本质和文化素质教育的深化 [J]. 中国大学教育，2005（12）.

[35] 许嘉璐. 高校校园文化建设漫谈 [J]. 求是，2004（12）.

[36] 梁绿琦. 高等职业教育研究资料选编 [M]. 北京：北京理工大学出版社，2010.

[37] 胡显章，程钢. 对文化素质教育的回顾与思考 [J]. 中国大学教学，2005（12）.